Die drei Tore zur Seele
auf dem Weg der

SIEBEN STRAHLEN

HUM VERLAG GOSTONI

1996 HUM Verlag Gostoni
CH-8820 Wädenswil, Postfach 314
Satz und Druck: OK Organisation Kolb AG, Zürich
Printed in Switzerland

ISBN 3.9520630-1-0

Wir sind nur Tropfen
  der gleichen Quelle
  göttlicher Schönheit,
Wir sind nur Wellen
  des grossen Flusses der Liebe.

Wir sind verschiedene Blüten
  im Garten des Herren,
Die sich versammelt haben
  im gleichen Tal des Lichts.

Wir Erdbewohner gehören
  zu einer Menschheit,
Es gibt nur einen Gott
  und wir sind seine Kinder.

Darshan Singh

Mein ganz besonderer Dank geht an Elke Graf, die immer Zeit fand für die Durcharbeitung der Manuskripte, und dadurch das Erscheinen dieses Buches ermöglichte. Mein Dank geht aber auch zu all denen, die das Entstehen dieses Buches mit ihrer Hilfe begleiteten.

Inhalt

Vorwort

An einer Zeitenwende dabeisein zu können ist wie ein Geschenk. Vielleicht haben wir uns darauf auch schon durch viele Leben vorbereitet, um jetzt unseren kleinen, aber wichtigen Anteil zu leisten. Denn wie das Wasser, das grosse Schiffe trägt, aus vielen kleinen Wassertropfen besteht, und wie die Erde, die den Samen reifen lässt, sich aus vielen kleinen Erdkrummen zusammensetzt, ist auch die Bereitschaft jedes Einzelnen, das Neue mitzugestalten, ein wichtiger Beitrag für das Kommende, für das Werdende.

Wir wissen, dass wir heute in einer Zeit der Erneuerung leben. Neue Ideen und neue Gedanken können wir heute schon vermehrt zulassen, und auch zwischenmenschliche Verbindungen auf eine neue Arten leben. Viele alte Formen und Ansichten verlieren ihre Kraft und wir bemühen uns, einen besseren Zugang für das noch Ungewohnte zu finden. In vielen Menschen lösen die neuen Impulse bereits Wirkungen aus, die sie ermutigen, dem vom Gewohnten Abweichenden, offener zu begegnen. Andere haben noch Mühe mit dem Andersartigen mit dem Neuen, weil ihre Wesensart nach Sicherheit, nach Beständigkeit verlangt.

Aber die neue Zeit will geboren werden. Die Vorbereitungen dazu waren schon unsere vielen vergangenen «suchenden» Leben, die uns durch viele Hautfarben, Kulturen und Religionen ins Heute führten. Wir übten während zahlreicher Inkarnationen, nicht nur das Wissen auf immer neue Arten zu formulieren, sondern wir wussten auch, wie mit Ruhm und Erfolg umzugehen, genauso wie wir erfahren mussten Entbehrungen und Not auszuhalten.

Der Umgang mit unserer sichtbaren Welt, ist uns schon weitreichend vertraut geworden, und jetzt beginnen wir das «Unsichtbare», als eine neue Dimension, in unser Leben zu integrieren. Wir erforschen die Quellen des Lebens, versuchen wahrzunehmen, was aus unseren eigenen Tiefen aufsteigt und auch das zu erkennen, was uns von aussen unsichtbar, aber immer spürbarer berührt. Auch unser Zeitbegriff «dehnt» sich aus. Uns wird bewusst, wie das weit Zurückliegende unser jetziges Leben immer noch beeinflusst, und gleichzeitig, wie auch das unbekannte «Morgen» uns bereits anzieht. All das spornt uns an, das Leben auf eine neue, auf eine andere Art als bisher zu leben.

In welche Richtung bewegt sich nun aber das «Neue»? Was bedeutet «Wachstum» für uns? Wie oft stellen wir diese Fragen, nach innen lauschend, auf Antwort wartend! Eine erste Erkenntnis wird möglich, wenn wir zu beobachten beginnen, was uns in unserem Leben leicht, und was uns schwer fällt. Dadurch werden uns nämlich alte Gewohnheiten, Fähigkeiten oder Abneigunen bewusst, die uns schon seit vielen Leben recht vertraut sind.

- *Wenn wir zum Beispiel gerne allein sind,* wenn wir, aus vergangenen Lebenserinnerungen, noch stark den Wunsch nach der Einsamkeit in uns tragen, dann möchte - als nächster Schritt - unsere Seele vielleicht, dass wir uns auch die Fähigkeit aneignen, engere Verbindungen mit den Menschen einzugehen.

  Haben wir eine Vorliebe für die Stille und für die kleinen Gemeinschaften, wo jeder den anderen trägt und die gleichen Gedanken die Seelen verbinden, dann könnte möglicherweise unser jetziges Leben uns in den vielfältigen Lärm des Lebens hineinführen, um dadurch zu üben, die Menschen auf eine neue Art zu verstehen. Aus diesem Verständnis heraus kann dann eine neue Form der Liebe wachsen, eine neuer Weg, der uns mit den Menschen verbindet.

- Oder gehören wir zu jenen, die immer *Menschen um sich brauchen*? Fühlen wir uns vielleicht nur inmitten des sprudelnden Lebens wohl, wo unsere Persönlichkeit, in allen Facetten schillernd, in Konkurrenzkampf treten und dadurch ihre eigene Qualitäten unter Beweis stellen kann?

  Oder gehen wir wie selbstverständlich jenen Weg, um - wie es heisst - «für andere da zu sein», um auf diese Art uns mit den Menschen zu verbinden? Haben schon die langen Zeiten der absoluten Gruppenintegration in uns solch tiefe Spuren hinterlassen, dass auch nur der Gedanke einer «Ich-Aufmerksamkeit» wie «Sünde» erscheint? Aber weichen wir nicht dadurch unbewusst noch immer den Ich-Konfrontationen aus, indem wir ausschliesslich *«aufopfernd»* für die anderen da sind?

Wie auch immer, wenn unser Wachstum ein Schritt zu einer neuen und verbesserten Individualität sein sollte, dann wird das Leben uns für diese Aenderung auch Möglichkeiten geben. Das Schicksal unterstützt immer unsere Entwicklung, und bringt uns auch Zeiten des Alleinseins, um an die «Quelle des eigenen Wesens» gelangen zu können. Mit der Zeit kann eine veränderte Einstellung gegenüber neuen und alten Werten entstehen, und wir erkennen, dass wir die Verantwortung auch *für uns selbst*, und *nicht nur für die anderen* zu tragen haben.

Oft erleben wir in einem wachstumsreichen Leben Momente, wo wir spüren, dass etwas zu Ende geht. Es ist, als hätten wir eine Etappe bereits absolviert, die uns nun erlaubt weiterzugehen.

An diesem Zeitpunkt brauchen wir viel Mut, weil wir an einer neuen Schwelle des Lebens stehen, und dabei gleichzeitig mit noch nicht verarbeiteten, alten Themen in uns konfrontiert sind. Aber für diese Schwellen-Erlebnisse werden wir vorbereitet. Unser Lernen ist *immer* ausgerichtet auf das, was vor uns liegt. Diese Zeiten sind es, die symbolisch auch mit dem Wort «Einweihung» verbunden sind, weil es der eigentliche Sinn einer einweihenden Erfahrung ist, neue Qualitäten zu erlangen, die uns für eine kommende Wegstrecke neu ausrüsten. Der WEG des LEBENS entsteht auf diese Weise aus vielen kleineren und grösseren «einweihenden» Etappen.

Die Prägungen der vergangenen zwei Jahrtausende, die durch die formende Kraft des 6. Strahles - Idealismus und Hingabe - entstanden, lehrten, für ein ideelles Ziel uns ganz hinzugeben. Dadurch war es in vielen Leben unsere Aufgabe, für eine Idee bereit sein zu kämpfen - oder/und zu sterben! Jetzt, an der Schwelle eines neuen Zeitalters, berühren uns andere Werte und neue Denkformen. Wir erleben die Energien des 7. Strahles, der in seinen Qualitäten das kommende grosse Wassermann-Zeitalter repräsentiert.

Zum jetzigen Zeitpunkt begegnen sich auf dieser Erde zwei grosse verschiedenartige Energien gleichzeitig, wie das alle zwei, bis zweieinhalb Jahrtausende - wenn eine Energie von der anderen langsam abgelöst wird - immer der Fall ist. Die eine Energie die abzieht, wird immer schwächer in ihrer Strahlkraft, die Kommende dagegen, nimmt in ihrer Wirkungsfähigkeit zu, und diese veränderte Energiehülle um unsere Erde, beeinflusst und verändert viele Formen des Lebens. Dies ist nicht nur durch unser eigenes Schicksal wahrnehmbar, sondern auch durch die verschiedenartigsten Geschehnisse, die auf der ganzen Welt bereits erfolgen.

Die Energien einer Epoche, eines Zeitalters, die die Wirkung einer bestimmten erdumhüllenden grossen kosmischen Kraft ausdrücken, befähigen die Menschheit, wieder einen Entwicklungs-Schritt weiterzugehen. Sie lehren uns, zu unseren bereits vorhandenen Fähigkeiten, neue dazu zu erwerben, welche dann gleichzeitig die Grundlagen für spätere, zukünftige Erfahrungen sind. Solche Veränderungen sind die Geburtszeiten von Erneuerung und Fortschritt auf allen Ebenen des Lebens.

Die strahlenden Energien des Lichtes, die in zyklischen Berührungen, alles Leben durchströmen und unsere Eigenart und jeweilige Wachstumsrichtung prägen, repräsentieren die kosmischen Gesetze, in denen auch unser Werdegang eingebettet ist. Sie sind die Impulse für unser Wachstum, und beeinflussen die Farben der Blumen, die Arten unserer «Tempel» und alle anderen Bereiche des Lebens durch die

siebenfachen Energien des Geistes,

der die sieben Ebenen des Lebens erzeugt, gestaltet und belebt.

Siebenfach sind die Aspekte von Gottes Liebe,
siebenfach die Farben des Einen, wenn er sich manifestiert,
siebenfach ist das Werk,
siebenfach die Energien und
siebenfach der Weg zurück zum Zentrum des Friedens.

Die Geheimlehre. H. Blavatsky

DAS LICHT
IN MANIFESTATION

SAHASRARA-PADMA / Scheitel-Zentrum

Das «strahlende» Licht

Wieviele Namen haben wir schon DEM gegeben, DEN wir für all das was ist, zuständig empfinden? Durch verschiedene Epochen, in den unterschiedlichsten Kulturen, in denen wir mit jedem neuen «Schritt» das Licht, die Wahrheit von anderen Perspektiven aus wahrnahmen, änderten sich die Namen des Göttlichen, weil von uns immer etwas anderes als zutreffend, als richtig empfunden wurde.

Wir bezeichnen GOTT auch als den Schöpfer, den Erbauer der Welten. Wir nennen Ihn auch die «Quelle allen Seins», weil wir spüren, dass ein grosses Wesen zuständig sein muss für all das, was entstand, dass eine immense Kraft aus Liebe und Weisheit das Leben hervorruft, und begleitet.

Aber wie können wir all das in einem Namen, in einem Wort zusammenfassen? Wie schwierig ist es schon für uns zu interpretieren, was LEBEN ist. Noch schwieriger ist es, zu formulieren, was LIEBE ist. Wie könnten wir dann begreifen, was GOTT ist?

Schon die Liebe unserer Eltern, Partner, Kinder können wir nicht einfach mit einem Wort ausdrücken. Wir erleben ihre Liebe durch ihre Taten, durch den Klang ihrer Stimmen, durch das was sie «aus-strahlen». Die Bedeutung von Liebe ist nicht formulierbar. Liebe ist nur erlebbar, durch ihre vielschichtigen Manifestationen. Deshalb können wir auch eine noch viel grössere Liebes-Ausstrahlung, wie diejenige eines göttlichen Wesens, weder durch einen einzigen Namen oder eine Beschreibung kennzeichen, noch verstehen. Wir können nur ihr ständiges AUS-STRAHLEN «er-leben», ihr durch die

Vielschichtigkeit des Lebens begegnen, und sie in der Vielfältigkeit der Lebensformen erkennen.

GOTT können wir nur durch die innere Vision wahrnehmen, wenn das «innere Auge» für die geistige Schau erschlossen ist. Wenn wir anfangen, mit *unserem Herzen zu lieben* und wenn unser Denken bereit ist, dadurch neue Anschauungen zu empfangen und sie *auch zu akzeptieren*, dann beginnen wir auch das Licht zu sehen und damit auch GOTT.

Um die Aus-Strahlung der göttlichen Energien, die das Leben hervorrufen und ermöglichen, etwas besser verstehen zu können, wurden uns vor langer Zeit die Gedankenformen der sieben «Haupt-Ströme», der sieben göttlichen Strahlenqualitäten gegeben, durch welche die sieben primären Eigenschaften der Lebensenergien fliessen. Durch diese Energien entstehen nicht nur die Sonnen und Planeten, sondern auch all die Naturreiche werden durch sie beeinflusst.

Die Strahlen sind nicht nur Kanäle, durch die «alles Sein flutet», sondern auch Einflusskräfte, die den Wechsel der Zeiten ermöglichen. Sie sind zuständig für das Hervortreten von verschiedenen Kulturen, Tierarten und Pflanzentypen, wie auch für jene Zeiten, in denen eine Veränderung im Denken der Menschen entritt.

Die sieben Strahlen entsprechen ebenso sieben verschiedenen Grundbereichen des Lebens. Sie sind konzentrierte Energien, die einen Entwicklungsplan ermöglichen und unterstützen. Sie sind Ausdrucksmittel des grossen Lichtes, das in den alten Archiven als «der EINE» genannt wird. Wenn ER in den alten Schriften formuliert wurde als: «Der Eine, über Den nichts gesagt werden kann», geschah das nicht deswegen, um etwas geheim zu halten, sondern weil jeder Gedanke und jeder Versuch einer Formulierung, ein solches Lichtzentrum in Worte zu fassen, ein unnützes Grübeln wäre. Wie könnte je ein «Erdenmensch» ein göttliches Wesen und seine Absichten wirklich verstehen, das mit seinen Energien und seiner Liebe Miliarden von Sonnensystemen erfüllt!

All die Sonnen, als grosse Lichtwesen mit ihren strahlenden Manifestationskörpern, empfangen eine bestimmte Strahlenqualität ebenso, wie sie eine solche Qualität repräsentieren, die sie dann auch für ihre Planeten, als «Hauptstrahl» weiterleiten. Die einzelnen Planeten-Wesen haben wiederum ihre eigene Strahlenzugehörigkeit, die sich im grossen Hauptstrahl ihrer Sonne integriert. Diese «Hauptenergie» der Sonne, können wir auch als die «Tonlage» bezeichnen, in welcher die «Musik» dieses Sonnen-Systems gespielt wird. Dieses Prinzip ist ein ähnliches, wie bei unserem Körper. Unser eigener Seelen-Strahl wird durch die Siebenfachheit der Zentren auf der physischen Ebene manifest, durch welche die Zusammenarbeit der Ganzheit und damit die Seelenverwirklichung, ermöglicht wird.

Jede sichtbare Manifestation ist eine «Verkörperung eines Lichtwesens» im Bestreben, dieses Licht immer klarer durch den «Körper» strahlen zu lassen, unabhängig davon, ob es ein solarer, planetarer oder ein menschlicher Körper ist. Das innewohnende Lichtwesen *empfängt und sendet* «Strahlen des Lichtes» durch den Aether, durch dieses «kosmische Gewässer», in das wir alle eingetaucht sind.

So «wandern» wir alle, als kleinere und grössere Gruppen, in einer unendlichen Vielfalt und lernen unsere Gruppenzugehörigkeit und unsere Zielrichtung erkennen durch die ständige Bereitschaft zur Veränderung. Das Zusammenwirken der Systeme ist identisch, im Kleinen wie im Grossen. So sind auch mehrere Sonnensysteme, oder Sonnen, mit ihren begleitenden Planeten, durch eine starke Wechselbeziehung zueinander zusammengehalten. Im okkulten Sinne wird dies formuliert: «Sie wandeln zusammen auf dem Pfad».

Dadurch wird leicht erkennbar, dass jede Lebensform, sei es ein Sonnensystem, eine Sonne, ein Planet, ein Mensch, oder eine kleine Blume, von verschiedenen Energieströmen berührt wird, und selbst eine ganz bestimmte Energiequalität darstellt. Das Bemühen und Ziel jeder Lebensform ist es, diese Qualität zu vergrössern, um immer bewusster «Licht» zu empfangen, und es immer vollkommener durch sich weiterströmen zu lassen.

Die Wesensart der Seele

«Die Seele des Menschen ist eine Verbindung von geistiger und materieller Energie, die ihre Eigenart durch einen der sieben Strahlen erhält.» A. A. Bailey

Das Schönste und Wertvollste an uns ist unsere Seele. Sie ist eine Energieformation aus Lichtsubstanzen, die einst aus einer grossen Lichtquelle geboren wurde, und deren Ziel es seitdem ist, durch Erfahrungen in der Materie, das eigene Licht, die eigene Strahlungsfähigkeit zu vergrössern.

Die Seele können wir auch als ein kosmisches Kind bezeichnen, das bereit ist, das erdenhafte Leben kennenzulernen, um sich damit anfänglich noch ganz zu identifizieren, bevor sie später beginnen kann, «verstehend» als Licht und als lichtvermittelndes Wesen, Schattenbereiche zu berühren und zu verändern.

Unsere Seele, als Lichtträger und Lichtvermittler, führt uns während unserer Erdenwanderungen, wie unsichtbar an den Händen haltend, auf die unterschiedlichsten Wege, und lehrt uns, die Botschaften des Geistes wahrzunehmen. Denn dieses «Kind Gottes», *unsere* Seele, ist unsere wesenstiefste Eigenart und ein empfindsamer Energiebereich, der ein wichtiges Verbindungsglied zwischen *Geist* und *Materie* darstellt. Somit trägt die Seele, als ein Kind des Geistes, ihr «Licht-Erbe» in ihrem Wesenskern und lernt, sich durch die Materie zu manifestieren.

Denn die primäre Impulskraft der Seele ermöglicht die Belebung der Materie, um die Form zu einer Tätigkeit zu veranlassen, die Erfahrungen ermöglicht. Erst nach einer längeren

Entwicklungsphase, wenn die grosse Anziehungskraft der Materie schon überwunden ist und der Sog des materiellen Lebens nicht mehr so zwingend empfunden wird, kann auch der spirituelle Teil der Seele am Leben «schöpferisch» teilnehmen.

Die Seele, als ein

«Prinzip der Empfindung»

das alle Lebewesen und alle Formen durchdringt, lebt in jedem Einzelatom, in jedem Körper und in allen Naturreichen. Die Seele existiert als Wesenheit aber auch unabhängig von einem Körper in einer ätherischen Hülle, bis sie immer wieder für eine neue Manifestation, für eine neue Erfahrung bereit ist. So ist das sogenannte «Aetherische-Doppel», als welches auch die feinstoffliche Hülle um einen Körper bezeichnet wird, jener Bereich, der einen Körper «beseelt», und in welchem die bereits erlangten Qualitäten, und somit auch der Code für ein neues Leben vorhanden ist.

Auch die Seele hat ihre drei Wesensarten, gleich unseres physischen dreifachen Naturells, und so ist sie:

- die *Grundkraft der Vitalität*, die auch im Mineralreich vorhanden ist,
- die *Empfindungsfähigkeit*, wie sie auch das Pflanzenreich aufweist, und wenn
- diese Qualitäten mit der niederen oder einfachen *Denkfähigkeit* erhöht werden, entsteht jene Energie, die auch die Tierwelt «beseelt».

Im Menschenreich erweitert sich diese beseelende Kraft des

Lebens durch die *spirituelle Qualität*, die eine höhere Form des Denkens und der Liebe ermöglicht. Somit ist

die menschliche Seele eine spirituelle Wesenheit,

die durch ihre vorhandene Dreiheit, sowohl mit den unteren Naturreichen, als auch mit den oberen Reichen des Geistes, in Verbindung treten kann.

Die Seele identifiziert sich viele Leben lang mit den Bemühungen des Menschen, ein selbstbewusstes «dreifaches Wesen» zu werden. Ihre belebende Vitalkraft hilft einen funktionsfähigen, brauchbaren und belastbaren Körper als Werkzeug zu erbauen. Genauso unterstützt die Seele die Entfaltung der Empfindungsfähigkeit, die durch Erfahrungen von gefühlsbetonten Sehnsüchten, unbefriedigten Wünschen und innerer Zerrissenheiten führt, bis eine notwendige Stabilität erreicht worden ist, die es braucht, um überhaupt das «Licht des Vaters», die spirituellen Energien des Geistes empfangen zu können.

Mit jeder einzelnen Erungenschaft, die unsere Persönlichkeit durch ständige Veränderungsbereitschaft erreicht, wird auch unser innerster Seelenkern immer wertvoller, immer wissender.

Denn die Seele ist auch ein

«Prinzip der Intelligenz»,

die es dem Denkbereich ermöglicht zu analysieren, zu unterscheiden, zu wählen oder abzulehnen. Nur solange unsere Ich-Identifikation mit der Welt der Formen noch so eng verbunden ist, betrachtet sich dieses innere Ich auch als etwas ganz zur Form Gehörendes und identifiziert sich voll mit den äusseren Erscheinungen. Eine noch so hochentfaltete Denkfähigkeit oder Intelligenz, die die Identifikation mit der «begreifbaren Welt» noch nicht loslassen kann, berührt nur einen Teil ihrer «Seelenpotenz», weil das begriffliche Denken ihr die Grenzen setzt.

Wenn nach vielen Erfahrungen ein funktionsfähiges, dreifaches ICH aufgebaut wurde, mit all den Fähigkeiten, um erfolgreich *Handeln*, *Fühlen* und *Denken* zu können, entsteht leicht ein Gefühl, dass man das Leben, die Welt beherrschen kann. Die Identifikation mit der sichtbaren Materie, mit dem Durst nach Erfolg und Macht, mit dem Hunger nach «Haben», verbunden mit der Notwendigkeit, alte Gesetze zu bewahren, können somit zu solch elementaren Bedürfnissen anwachsen, dass die innewohnende Stimme aus dem eigenen spirituellen Seelenbereich nicht mehr ins Bewusstsein dringen kann.

Vor jeder grossen Umkehr sind solche Erlebnisse wichtige Erfahrungen, bis uns das Schicksal, durch «die Zeiten der Not», Hilfe gewährt. In diesen Umbruchsphasen des Lebens begegnen wir dann auch oft alten Seelenfreunden, die uns helfen, die Notwendigkeiten des Loslassens zu erlernen und zu verstehen.

Nach jedem - in eine neue Richtung - absolvierten Schritt kann ein tieferere Wesensschicht der Seele bewusst werden. Das bewirkt wiederum inneres Wachstum und als Folge davon, tritt ein immer seelenbewussterer Mensch hervor, der den Zweck seiner Verkörperung zunehmend klarer erahnen kann. Jedesmal, wenn wir in einem Bereich des Lebens «erdhafte» Notwendigkeiten hinter uns lassen können, erstrahlt unsere Seele im neu errungenen Glanz, und mit einer wachsenden Fähigkeit zur Liebe.

Das bedeutet also, dass eine sich *ständig erweiternde* Empfindungsfähigkeit zu einer immer ganzheitlicheren Reaktionsfähigkeit heranwachsen kann, bis eine entfaltete und *offene Aufmerksamkeit* bereit ist, sich mit den eigenen Wesenstiefen zu verbinden. Das dadurch erwachte *Seelenbewusstsein* kann das Leben und die Materie verändernd beeinflussen.

Die Seele, als Gottes Sohn, als eine Verbindung von Geist und Materie, die sich durch Gedanken zum Ausdruck bringen kann, wird durch die entfaltete Denkfähigkeit zum Schöpfer vieler neuen Ideen und Formen.

Die Seele ist auch das kosmische

«Prinzip der Liebe»,

einer Liebe, die durch die *Kraft des Denkens* wirkend, Veränderungen in das Leben und für die Materie bringen kann.

Eine «Einzel-Seele» bleibt auch in all der Zeit ihrer physischen Manifestation ständig mit dem grossen Energiefeld einer Seelengemeinschaft verbunden, und holt ihre aufladende Kraft aus dieser Strahlen-Gruppe, zu der sie gehört. Denn jede Seele, als ein *Lichtwesen*, «schwingt» durch eine der sieben Strahlenqualitäten, von welcher sie ihre spezielle Lichtenergie erhält, die auch ihre Lichtfarbe und ihre Wesensart bestimmt. Um diese Eigenart weiter zu entfalten, belebt die Seele Leben für Leben einen neuen Körper, um durch diese Erfahrungen wachsen zu können.

«Jede Seele trägt den Impuls in sich, eine Liebe zu verkörpern, die mit Intelligenz gepaart ist, und dazu Formen zu erschaffen, die diese intelligente Liebe zum Ausdruck bringen kann. Jede vibrierende Energieeinheit kann sagen:

> Ich bin ein Teil aus Gottes ganzer Fülle, der in siebenfacher Art die Liebe und das Leben der «Einen grossen Wirklichkeit» zum Ausdruck bringt. Ich trage den Stempel einer der sieben Eigenschaften, geboren aus der göttlichen Liebe in mir, und bin für die anderen Eigenschaften empfänglich.»
>
> A. A. Bailey

Die drei Hauptstrahlen

In den drei Hauptstrahlen wirken die Schöpferkräfte Gottes. Die göttliche «Dreifaltigkeit» wird durch diese drei Ströme erlebbar:

I.		II.		III.
LEBEN	-	QUALITAET	-	ERSCHEINUNG

Wir werden versuchen, diese drei Begriffe in ihrer Bedeutung etwas näher anzuschauen und in Bezug auf die drei Hauptstrahlen zu verstehen.

Es ist nicht einfach, der «wahren» Bedeutung des Begriffes LEBEN, als Kennzeichnung für den ersten göttlichen Aspekt, wirklich näher zu kommen. Das Wort Energie als Charakterisierung für Leben, ist eine zu schwache Formulierung, weil das Leben eine Synthese *allen* Geschehens ist. Leben ist eine Aktivität, die die verschiedensten Energie-Anteile in sich trägt, die in ihrer Ganzheit die göttliche Manifestation darstellen. Leben ist auch ein zielgerichteter WILLE, der von einer göttlichen Quelle ins Leben gerufen wurde, wie es in der Bibel geschrieben steht: «Und das Wort ging hinaus».

Daher ist LEBEN *«die primäre Impulskraft, die Tätigkeit hervorruft»*.

Diese aktive, vom Willensimpuls gesteuerte Lebensenergie erschafft Formen, die durch den zweiten göttlichen «Aspekt», der «QUALITAET», oder mit anderen Worten, mit der SEELE, erfüllt werden. Wie ein «Atem» belebt diese Energie die entstandenen Formen. Dieser Strom füllt aber nicht nur die Form mit der Qualität der LIEBE aus, sondern lässt die verschiedenen Formen sich auch untereinander verbinden.

QUALITAET ist somit *«ein tätiger Impuls, der zu planvollem Aufbau führt».*

Dadurch ist jede ERSCHEINUNG ein sichtbares Resultat von *Leben* und *Qualität*, von der Verbindung zwischen WILLE und LIEBE. Es ist die FORM in ihrem Entfaltungsprozess, es ist die Seele in den verschiedenen Wachstumsstadien.

Es ist der dritte göttliche Aspekt in ERSCHEINUNG, als ein Entwicklungsvorgang in Manifestation, der die Resultate der Entfaltung, durch die Entstehung von immer neuen Formen sichtbar werden lässt.

ERSCHEINUNG ist dadurch *«der planvoll wirksame Impuls, der eine ganz bestimmte Absicht verfolgt.»*

So ist: LEBEN - QUALITAET - ERSCHEINUNG

gleich: WILLE - BEWUSSTSEIN - ABSICHT

oder auch: KRAFT - LIEBE - INTELLIGENZ

wie: GEIST - SEELE - KOERPER

Der Geist, ist der Ursprung, die Ursache, die Ausstrahlung.
Die Seele, ist das Gewahrsein, die Empfindungsfähigkeit.
Die Form, ist die Fähigkeit zur Veränderung und zum bewussten Reagieren.

Die Synthese all dessen nennen wir GOTT!

Mit dieser symbolischen Betrachtung können wir sagen, dass

der *erste Strahl* die dynamische Idee GOTTES verkörpert, mit der sein Schöpfungswerk beginnt;

der *zweite Strahl* die Verwirklichung des Planes ermöglicht, durch exakte, geduldige, mit der den «Sinn erfüllenden» Art, die das begonnene Werk unterstützt;

der *dritte Strahl* die Materie ordnet und das grosse Aufbauwerk, die Idee und das Vorhaben GOTTES des «Vaters», unter der Leitung von GOTT dem «Sohn», das heisst der Seele, zu verwirklichen beginnt.

Alle drei zusammen sind jedoch eine Einheit, genau wie der Mensch, der, wenn er eine Idee hat, sie erst mit seinem Verstand ausarbeitet, um sie dann in eine sichtbare Form zu bringen. Durch die dabei gemachten Erfahrungen, wird das immer wertvoller, was die Verkörperung dieser Idee darstellt.

So wird auch ein Impuls von der Ebene der «*Ideen*», auf der Empfindungsebene als «*Ideal*» empfangen und die daraus entstandenen sichtbaren Manifestationen, sind unsere jeweiligen «*Idole*».

Lang ist der Weg, bis wir diese strahlenden Energien klarer verstehen, sie bewusster handhaben können und in ihrer Einheit den

I. STRAHL : WILLE UND MACHT
- als Kraftimpuls, den

II. STRAHL : LIEBE UND WEISHEIT
- als die Liebe, die Qualität ermöglicht, und den

III. STRAHL : AKTIVE INTELLIGENZ
- als die Energie, die die Möglichkeit zur Erfahrung gibt

erkennen.

Die Zusammenarbeit dieser «Drei» bleibt auch in jenen Situationen und Zeiten erhalten, wo die eine oder andere «Strahlenqualität», wegen einer evolutionären Notwendigkeit, stärker im Vordergrund steht. Wenn ein spezieller, das «Wachstum unterstützende» Energiestrom die Welt der Formen berührt, geschieht dies immer im «Namen der Dreien».

Wachstum ist nur durch Formveränderung möglich. Auf diese Weise funktionieren nicht nur die strahlenden Gestirne am Himmel, sondern dies ist auch die Eigenart aller Naturreiche:

I. Strahl	-	der Impuls zum Wachstum,
III. Strahl	-	dessen sichtbare Formwerdung und
II. Strahl	-	die daraus entstehende Qualität.

Das gleiche Prinzip lässt auch das Naturreich sich immer wieder von neuem in voller Kraft entfalten, und die Natur schenkt die dabei entstehenden «Qualitäten», als Farbe, Duft, oder als ernährende Speise, den anderen «Reichen». Während die erreichten Qualitäten des Mineralreiches, als grosse Energien, in viele Bereiche allen Lebens strömen, um sie mit ihren strahlenden Kräften aufzuladen.

Diese Dreifachheit bewusst zu leben, ist unser ständiges Bemühen und unser grosses Ziel. Die Aufgabe für uns besteht darin, den Impuls des Geistes zu verstehen, ihn aktiv und intelligent mit dem Leben zu verbinden, um die Qualität unserer Seele zu vergrössern, damit sie immer heller und wirksamer «strahlen» kann.

Die göttliche Dreifaltigkeit wiederspiegelt sich auch in unserer Dreiheit als

Geist - Seele - Persönlichkeit.

Unsere *Seele* ist die «Frucht» aus der Vereinigung des Vaters, des Geistes, mit der Mutter, mit der Materie. Diese «Materie» können wir auch als unsere *Persönlichkeit* bezeichnen, die mit all ihren Bedürfnissen, Wünschen und Vorstellungen, die Grenzen der materiellen Natur in sich trägt. Viele Erfahrungen durchschreiten wir, bis wir die Möglichkeiten des «Seins» auch hinter den sichtbaren Grenzen anzunehmen bereit sind. Erst dann beginnen wir uns bewusst mit den Energien der *Seele*, mit unseren innersten Qualitäten zu verbinden, und dadurch die Impulse des *Geistes* auch wahrzunehmen.

«Die Materie ist das äussere Medium für das Offenbarwerden der Seele auf diesem Lebensgrund, und die Seele ist wiederum ein Instrument - auf einer höheren Daseinsebene -, damit der schöpferische Geist sich offenbaren kann. Diese drei bilden eine Dreiheit, die durch die Energie des Lebens, die sie alle durchdringt, sie zu einer Einheit verschmelzen lässt.»

Die Geheimlehre. H. Blavatsky

Die Strahlen der Erscheinungen

Unser Bemühen, die Strahlen des Lichtes zu verstehen, ist eigentlich ein Bemühen, GOTT auf eine neue Art zu verstehen! Wir haben schon lange aufgehört Gott nur einer Rasse, einer Nation oder einer bestimmten Religion zuzuordnen. Wir betrachten ihn auch nicht mehr durch die Bilder der Phantasie, weil wir spüren, dass er eine Gottheit ist, das heisst, dass er das LEBEN und alle ENERGIEN in sich vereint. Ein Gott von solch einer Grösse, dass IHN «die Himmel rühmen», und doch so vertraut, dass ein kleines Kind IHN erkennen kann.

«...Mit unseren Augen können wir Gott nicht sehen, obwohl die Wahrzeichen der Göttlichkeit überall vorhanden sind. Aber es gibt ein Auge, das entwickelt und benutzt werden kann und seinen Besitzer befähigt, Gott auf der inneren Seite des Lebens wirken zu sehen, denn

> wenn das innere Auge für die geistige Schau erschlossen ist, wird der Körper lichterfüllt.

In diesem Licht werden wir LICHT sehen und somit GOTT.»

A. A. Bailey

Darum werden wir «Suchenden» immer wieder darauf hingewiesen, nach innen zu schauen, um so die «Qualität» zu erkennen, die durch jede äussere Form sich manifestieren und entfalten möchte. So führt der Weg vom *Verstehen* der Welt der Formen, zum *Erkennen* der Welt der Qualitäten.

Die esoterischen Studien begleiten uns auf diese, nach innen gerichteten Reisen. Sie vermitteln okkultes Wissen, das nichts anderes ist, als das Wissen über die Welt der Energien. Das

Wissen über jene Energien, die dem Leben in seinen unendlich vielen Variationsformen, den Weg der Entfaltung ermöglichen.

Hier wird nun auch verständlich, dass der dritte göttliche Aspekt der INTELLIGENZ, die in Erscheinung tretende FORM, sich noch in vier weitere Strahlenbereiche aufteilt, um einen differenzierteren Prozess der Entfaltung zu unterstützen.

Die folgenden Strahlenwesen kann man somit als die Architekten des Universums bezeichnen, denn sie ermöglichen durch die Energien

des IV. Strahles - *Harmonie durch Konflikt*,
dass «Schönheit» und «Wohlklang» auf dieser Erde entstehen, die eine innere Strahlkraft immer sichtbarer werden lassen;

des V. Strahles - *Konkretes Wissen*,
dass die Denkkraft sich entfaltet und bereit wird, in immer höhere Denkformen einzutauchen;

des VI. Strahles - *Idealismus und Hingabe*,
dass die Bereitschaft zum Opfer und die Fähigkeit in einer Welt der Ideen zu leben, möglich ist;

des VII. Strahles - *Zeremonielle Riten und Organisation*,
dass Energien vermittelt werden, die die Kraft in sich tragen, Entgegengesetztes zusammenzuführen, und alte Riten und Gebräuche mit einem neuen Sinn zu verbinden.

DIE SIEBENFACHEN ENERGIEN DES LICHTES

AJNA-CAKRA / Stirn-Zentrum

I. Strahl - Wille und Macht

Dass ein göttlicher Wille, als schöpferische Kraft das Leben hervorruft und es sich ständig weiter entfalten lässt, ist eine Vorstellung, die uns schon von der Kindheit an vertraut ist. Es braucht aber eine lange Zeit der Reifung, bis wir erkennen können, dass in diesem göttlichen Willen, - der uns oft durch «Schicksalsschläge» und schmerzhafte Erlebnisse viel «Unverständliches» erfahren lässt auch die göttliche Liebe und Weisheit integriert ist.

Schmerzhafte Erinnerungen werden in uns wach, wenn wir in unserem Leben mit dem Unüberwindlichen, dem Unveränderlichen in Berührung kommen, wenn ein «höherer Wille» unserem eigenen Willen Grenzen setzt. Wir interpretieren dies dann gern als die «Willkür der Menschen», oder als ein Schicksal, das uns einfach nicht wohlgesonnen ist.

Wie oft vergessen wir aber, dass höhere Willensenergien, die wir als harte Schicksalsberührungen erleben, Impulse für das Sterben dessen sind, was auf dem Weg zum Wachstum für uns hinderlich geworden ist. Sie ermöglichen das Niederreissen von Formen, die ihre Zeit überdauert haben und lassen erkennen, wo in uns noch ein zu starkes Ungleichgewicht vorhanden ist.

Es gibt für die gesamte Menschheit, so wie auch für den Einzelnen, Zeiten, in denen, wie bei einem starken Sturm, Altes, Enges, Verhärtetes und Abgesondertes, verändert wird. Unsere eigene Einstellung entscheidet dann, ob wir diese Berührung als «Gefahr», als «Bedrohung» und als «Einengung» unseres eigenen Machtbereiches betrachten, oder als *Hilfe* erkennen.

Den «Willen Gottes» richtig zu verstehen und auszulegen, ist für uns Menschen eines der schwierigsten Dinge dieser Welt. Das ist auch einer der Gründe dafür, dass eine rein materialistische Zivilisation entstehen konnte, die alle Werte in der Erfahrung mit der sichtbaren Welt sucht, und deshalb das physische Wohlergehen, die Bequemlichkeit und den materiellen Besitz als das wahre Ziel menschlichen Bemühens betrachtet.

Das nun stärker auf unsere Erde herunterfliessende «Licht» der jetzigen Zeitperiode, erleichtert das Wachstum neuer Einstellungen und Reaktionen auf überlieferte Werte. Eine zunehmende Bereitschaft, auch geistigen Zielen in unserem Leben Raum zu geben, lässt uns dem Materiellen einen neuen Zweck, und damit einen neuen Wert geben.

Durch lange Zeiten und in vielen Leben auf dem evolutionären «Pfad», finden wir immer wieder zwei sich gegenüberstehende «Willen». Auf der einen Seite ist die, den Fortschritt und das Wachstum unterstützende kosmische Willenskraft und auf der anderen Seite, unsere selbstbehauptende und mit festhaltenden Tendenzen beschäftigte, eigene Willensenergie. Wir lernen so das «Feuer des Willens» durch viele Konfrontationen einzusetzen, wobei wir unser «Schwert», das heisst unseren Mut, unsere Kraft und Entscheidungsfähigkeit durch das Feuer der Erprobung stählen.

Ein starker Willensimpuls ermöglicht die Bereitschaft zu kämpfen. Dieser Vitalstrom stärkt und unterstützt dann diesen Wesensteil in uns, den wir als unseren wertvollsten und fähigsten Bereich betrachten. Oft fördert unser ganzer Willens-Einsatz aber nur einen einzigen Teil von uns, einen Teil auf den wir sehr stolz sind und bereit, dafür auch Opfer zu bringen. Denn der Bereich, wo wir unseren eigenen Willen einsetzen, ist der Bereich, womit wir uns am stärksten identifizieren, und der auch empfindlich auf jede Kritik reagiert. Denn der WILLE, der auch den höchsten göttlichen Aspekt darstellt, repräsentiert auch in uns den höchsten und stärksten Lebensausdruck. Er zeigt auf, *wohin* wir im Leben die Werte setzen.

Darum wird verständlich, dass die Zeiten der Aenderung als erstes in jene Mauern Breschen schlagen, wo wir mit unseren stärksten Lebensenergien etwas aufrechterhalten. Wir reagieren meistens mit grossen Verlustängsten, wenn unsere alten «Machtbereiche» zu bröckeln beginnen.

Anderseits, wenn die Energien des Willens in diesem Leben noch nicht erwacht sind, kann der wichtige Lebensimpuls in uns, durch eine «alte Angst» und damit durch eine unbewusste «Weigerung» blockiert sein. Eine, mit dieser Angst verbundene unbewusste Erinnerung, verhindert es den eigenen Willen einzusetzen, und damit eine Eigenverantwortung für das «Jetzt» zu übernehmen.

Den Ehrgeiz können wir wiederum als die «dichteste» Form des Willensaspektes bezeichnen. Der Impuls, Nahrung, Wohnung und all das «Notwendige» für sich und die Seinigen zu erringen, war schon beim Urzeit-Mensch derselbe, wie er es heute auch bei einem modernen Geschäftsmann ist, der den Gipfel finanziellen Gewinnes, oder den der Macht anstrebt.

Deshalb manifestiert sich der menschliche Wille meistens als eine Entschlossenheit, als die Aeusserung eines festgelegten Begehrens. Unsere Entschlossenheit setzt sich gewöhnlich, durch Konzentration und mit starkem Kraftaufwand, für einen Sieg ein, der meistens der Befriedigung eines materiellen Verlangens dient.

Nach vielen absolvierten Willenseinsätzen kann aber ein Gefühl des Ueberdrusses entstehen, woraus der Wunsch resultiert, die Energien des Willens auf «einer höheren Oktave» einsetzen zu können. Daraus kann ein Bestreben erwachsen, mit den Energien «schöpferisch», zum Wohle der anderen, umzugehen. Das ist dann der Beginn dieses Weges, auf dem bewusst ein geistiges Wachstum angestrebt wird.

In den vergangenen Jahrtausenden übten wir, auf dem Weg eines geistigen Wachstums, zu «glauben». Dadurch entwikkelte sich ein Verlangen nach den göttliche Qualitäten, und wir lernten uns einem Glauben ganz hinzugeben. Unsere jetzige Zeit gibt uns die Freiheit weiter zu wachsen. Wir lernen immer bewusster ein invokatives Leben zu führen, in dem die Impulse des göttlichen Willens, in einen konzentrierten Denkbereich hineinfliessen können. Damit entsteht ein mit Intuition erweitertes Wissen, und die Bereitschaft, aus einer passiven Haltung hinauszutreten und nicht nur kritisierende Zuschauer dieser Welt zu sein.

Denn, jede einzelne Lebensform trägt mit der Entfaltung und Stärkung der speziellen, in ihr ruhenden Fähigkeiten, zur Verschönerung und Verwirklichung der Ganzheit bei. In allen «Reichen der Natur» sind die einzelnen Aspekte der göttlichen Ganzheit da, und *jeder* übt *auf seine Art*, diese Gaben zu entwickeln, und in Verbindung mit den Aspekten der anderen gemeinsam, das Voranschreiten der Ganzheit zu unterstützen.

Wie auch unsere Sonne, und dadurch unser ganzes Sonnensystem, das auf dem Lernweg des II. Strahles wandert, unterstützen auch alle zu ihr gehörenden Planeten mit ihrer eigenen Strahlungs-Kraft dieses grosse Ziel, das primär die Entfaltung der Liebesfähigkeit ist. Da das Ziel unseres Systems die Verwirklichung des II. Strahles und damit der Liebe ist. Dadurch leistet unser Sonnensystem, mit der Richtung seiner Entfaltung, einen wichtigen Beitrag für die Gruppe der sieben zusammengehörenden Sonnen-Systeme, von denen jedes einzelne wiederum eine andere Strahlenqualität verwaltet.

Das Mineralreich gibt uns auch ein schönes Beispiel für diese Zusammenarbeit, das durch die Entfaltung seiner Eigenart die Ganzheit unterstützt. Die «treibende Kraft» in diesem Reich ist für den notwendigen Umwandlungsprozess das *Feuer*, die *Hitze* und der *Druck*, das heisst, die Energien des ersten Strahles, des Willens und der Kraft. Dies sind auch die Energien, die nach erfolgter Wandlung, als Energiestrom, aus der klaren inneren Stille und Ruhe, in die Welt kraftspendend hinausstrahlen können.

Wenn wir die Zusammengehörigkeit der verschiedenen Welten einmal erkannt haben, und wenn unser «kleiner menschlicher Wille» anfängt auf den «grösseren Willen» des LEBENS empfindsamer zu reagieren, dann entsteht die Verbindung zum «fliessenden Licht», das die Energien des Geistes strömen lässt. Das ermöglicht und unterstützt auch das Betreten des Weges, der in die Freiheit führt, in eine Freiheit, in der die Ich-Willen-Energien sich nicht mehr mit Kämpfen, - das Neue abwehrend und das Alte absichernd -, aufhalten, sondern wo die Energien verwendet werden, um mit Kraft und Mut

DIE WAHRE INNERE LEBENSENTFALTUNG

zu unterstützen, jene Lebensentfaltung, die mit der Zielrichtung der Seele identisch ist.

Die Energien des Ersten Strahles, die primären Energien des Seins, manifestieren sich in drei Hauptbereichen des Lebens, als

- *der Wille, der ein bestimmender Faktor des Lebens ist.* Als starker oder schwacher Wille beeinflusst er die Entfaltung der Fähigkeiten und die Art, wie wir dem Leben begegnen. Auch die Abwehrkräfte des Körpers nähren sich von einem vorbehaltlosen Willen zum Leben.

- *der Wille, der Erfüllung bringt.* Damit wird die Vision der Suchenden unterstützt und das Bemühen, eine Synthese zwischen dem höheren und dem niederen Willen zu schaffen. Das ergibt immer wieder eine neue Grundlage für die wechselseitigen Beziehungen, auf allen Ebenen des Lebens.

- *der Wille als Mut, um Grenzen zu überschreiten.* Dieser Wille lässt die hemmende Angst vor einer Veränderung überwinden, und trägt dadurch das Prinzip des Sieges in sich. Durch das Loslassen jener Illusion, dass die «Form» das Ziel ist, wird das ewig Werdende erfahren und das Weiterwachsen des LEBENS unterstützt.

Die Energien des ersten Strahles sind dadurch :

- die göttliche Antriebskraft,
- das Leben im Keim,
- der Wille der initiiert.

II. Strahl - Liebe und Weisheit

In den zwei grossen Strahlen des Willens und der Liebe strömen die beiden Haupteigenschaften GOTTES. Der Wille erschafft die Formen, und die Liebe erfüllt und belebt die Form mit jener Essenz, die ein Verlangen zum Wachsen, den Impuls zur Verschmelzung in sich trägt.

Verlangen ist die Kraft der Anziehung und die Fähigkeit, das an sich zu ziehen, was man liebt. Im Verlangen ist eine magnetische Kraft verborgen, ein Grundimpuls, der Wachstum durch die Befriedigung des Verlangens ermöglicht.

Alle Formen des Lebens sind deshalb Instrumente für die Entfaltung eines empfindungsfähigen Bewusstseins. Somit ist dieser empfindsame Mechanismus, der in jedem lebenden Geschöpf - von den Kristallen bis zum Sonnensystem - jeden auf seine Umgebung reagieren lässt, nichts anderes, als die sich im Wachstum befindliche *verlangende Liebe.*

Die Form ist ein ideales Kontaktmittel, durch welches die Möglichkeit der «Befriedigung» erfahren werden kann, um dadurch eine immer neuere Ebene des Bewusstseins zu erreichen. Die «Qualität der Liebe» ist das Resultat eines Prozesses, der durch verlangende Empfindungen ausgelöst wird. Die magnetische Kraft, die durch das Verlangen entsteht und die jedem Wachstum zugrunde liegt, lässt immer neue Lebensformen durch die ständige Weiterentfaltung der Empfindungsfähigkeit entstehen. Aus diesem Prozess resultieren immer neue «Formen-Körper», die durch die wachsende Empfindungsfähigkeit eine immer stärkere Reaktion erzeugen. So wirken hinter den sichtbaren Formen starke unsichtbare Kräfte durch das Gesetz der Anziehung, um durch die Essenz der Erfahrungen, eine vorhandene Qualität zu erhöhen.

Auf diese Art lenken die Bewusstseinsvorgänge, in allen Naturreichen und in jeder Form, die Lebensaktivität. Sie sind zuständig für das Wachstum und damit für die Entwicklung, durch den ständigen Drang und die Sehnsucht *ein inneres Verlangen zu befriedigen*. Dadurch wird auch erkennbar, dass die

Hauptimpulse des Lebens
die *Reaktionen der Empfindungsebene* sind.

Der Wunsch, die Sehnsucht, der primäre Drang nach Wachstum setzten die Ebene des Willens in Aktion und lassen die Formen und deren Veränderung entstehen. Das ist *der Weg der Veredelung* in allen Reichen des Lebens. Der *Wille als Lebensimpuls* und die *Liebe als Empfindungsfähigkeit* sind die beiden, sich gegenseitig ergänzenden Aktivitäten, die Formen hervorufen.

Darum ist sowohl der Wille, als auch die Liebe, nur ein Teil einer Ganzheit, und keiner ist für sich allein lebensfähig.

Die Zusammengehörigkeit der beiden ermöglicht den Prozess der Erfahrung, dessen Resultat die Veränderung ist. Dies sind die Grundtakte des Lebens.

Jedes Naturreich hat eine, in ihm ruhende, spezielle Grundqualität, deren Entfaltung und «Nach-aussen-Strahlung» sein Weg der Verwirklichung ist. Die Qualität, die durch das Wachstum in die Richtung des «helleren Lichtes» drängt, ist die LIEBE. Die Liebe, die durch das Gesetz der Anziehung die Vereinigung aller Bewusstseinsebenen anstrebt. Somit ist die Qualität, eine sich ständig verfeinernde Fähigkeit zur Reaktion, und dadurch die erweiterte Möglichkeit zur Kontaktnahme.

Im *Mineralreich* ist die Qualität jene Aktivität der dynamischen Kraft, die alle Substanzen der Umgebung durch Strahlung durchdringt.

Das *Pflanzenreich* besitzt die Qualität der Anziehung, die sich auch in den Farben äussert, und deren höher entwickelte Aktivität der Wohlgeruch ist.

Das *Tierreich* trägt die Qualität des Instinktes in sich, und es entfaltet eine immer bewusstere Handhabung dieses Potentials.

Im *Menschenreich* ist die zu entwickelnde Qualität die alles umfassende Liebe, sie ist eine Entfaltung des geistigen Verstehens, durch die Verbindung zum fünften Reich, dem Reich des Geistes. Die bewusste Handhabung dieser Verbindung nennen wir Intuition, die auch eine Qualität des Denkens ist. *Somit ist die Intuition eine Reaktion auf die Anziehung des Geistes.*

Der Weg des Suchenden nach höheren Qualitäten, ist der Weg, durch welchen die Wünsche, die Erwartungen und die Fähigkeiten aller drei Naturreiche in ihm sowohl befreit, als auch zur Vollendung gebracht werden möchten. So üben wir, im Laufe der Entwicklung, unsere Energien zu zentrieren, unsere «Farben» strahlender werden zu lassen, und diese Art der Hingabe in uns zu entfalten, wie die Naturreiche es in ihrer Zusammengehörigkeit auch klar manifestieren.

Das Pflanzen- und das Tierreich leben in einer natürlichen Ganzheit, um dadurch die Entfaltung der Eigenart zu gewährleisten. Nur wir Menschen versuchen immer wieder, einen Bereich, von dieser Ganzheit zu separieren. So entstehen Handlungen des Willens, die nicht mit unseren Empfindungen, das heisst mit Liebe und dadurch mit Wachstum, verbunden sind, sondern lediglich mit den Bedürfnissen des Habens. Genauso kann unser Empfindungsbereich solche starke Sehnsüchte und Verlangen in sich tragen, dass dann die Unerfüllbarkeit unserer Wünsche uns in eine passive, von Lebensimpulsen nicht durchflutete Lage drängt.

Wir können viel über uns erfahren, wenn wir bereit sind, unseren «Zielpunkt», d.h., das was uns anzieht, genauer anzusehen. Wir können uns selbst erkennen an dem, was wir erreichen möchten, oder an dem Lebensbereich, der unsere grösste Aufmerksamkeit anzieht, und dadurch von uns mit dem stärksten Lebensimpuls unterstützt wird.

Was zieht uns an, wo liegen die Werte, die wir erlangen möchten? Sind sie auf der Ebene der Taten, oder im Bereich der Emotionen? Sind es Wünsche, um etwas oder jemand zu besitzen, oder haben wir das Bedürfnis, Liebgewonnenes festzuhalten? Oder fehlt uns das verstehende Loslassen von erhaltenen Schmerz- und Verlusterfahrungen? Gehen wir durch die «Notwendigkeiten» der *verlangenden Liebe*, oder liegt schon das Ziel der *verstehenden Liebe* vor unseren Augen?

Im Laufe unserer Entwicklung entfaltet sich durch viele Schichten des Verlangens und durch die unendliche Vielfalt der Erfahrungen, eine strahlungsfähige Liebe. Wir durchleben in tausenden von Formen das VERLANGEN, bis ein VERSTEHEN langsam einsetzen kann.

Die Menschheit ist nun dabei, auch andere Bereiche des Lebens, als bisher, «wertvoll» zu empfinden. In den jetzigen Zeiten ändert sich das, was uns anzieht und das, was wir nicht mehr möchten. Wir sind nach langer Zeit der Sehnsucht nach *sichtbaren Werten* endlich bereit, auch den Sog zu den *unsichtbaren* wahrzunehmen. Wir leben heute in einer Zeit, wo für eine grössere Anzahl von Menschen, als in der Vergangenheit, eine verstärkte Möglichkeit da ist, für eine bewusstere Verbindung mit der Seele, und dadurch mit der in uns wohnenden «Göttlichen Qualität».

All das konnte durch die immer stärker werdenden Energien entstehen, die unsere Erde berühren. Es sind die *Energien der Liebe*, die schon immer in zyklischen Abständen die Menschheit auf ihrem suchenden Weg unterstützten. Das Hereinströmen neuer Energien wurde, in früheren Zeiten, auch durch die Manifestationen grosser Wesen sichtbar gemacht, die die jeweiligen neuen Wegrichtungen gleichzeitig aufzeigten. Jedes neue Zeitalter bringt der Menschheit eine neue Offenbarung der Wahrheit. Das Gesetz der Zyklen zieht dazu den entsprechenden Lehrer an.

Auch in der Vergangenheit haben die Menschen sehr unterschiedlich auf veränderte Energien, und dadurch auf Wertverschiebungen, reagiert. Der Zustrom der Liebesenergie löst sowohl verstärkte irdische Liebe und irdisches Verlangen aus, wie er auch die Bruderliebe, das Gruppenbewusstsein fördert, und dabei eine weltweite Einigung hervorruft.

Durch die zunehmenden Energien der Liebe, in unserer Erdathmosphäre, und die dabei in der Menschheit entstehende Verstärkung des Verlangens, zeigen sich auch veränderte Reaktionen auf dem Gebiet der Sexualität. Auch die Sexualität ist ein lebendiges Symbol der Liebe. Liebe, wie auch Sexualität, bedeutet nämlich: In Beziehung zu treten, es bedeutet, das Gesetz der Anziehung zum Ausdruck zu bringen. Eine Beziehung ist eine Wechselwirkung, eine Verbindung, ob sie zwischen GOTT und seinem Universum, zwischen GOTT und den Menschen, zwischen einem Menschen und seiner Seele, oder zwischen *zwei Menschen* stattfindet.

Wir sind heute dabei, eine neue Interpreatation der Liebe, eine neue Form der Beziehung zu lernen. Mit anderen Worten: Wir beginnen eine *echte Wechselwirkung* in einer Verbindung entstehen zu lassen, damit auf mehreren Ebenen eine wirkliche Beziehung entstehen kann. Da, wo unsere Beziehungen aufhören nur körperliche oder zweckorientierte Verbindungen zu sein, wo eine Vereinigung auf allen drei Ebenen - der physischen, emotionalen und mentalen - möglich wird, erst *da* werden wir die vollkommene Verbindung, *die* wahre Ehe erleben, das heisst, die Möglichkeit einer wirklichen Verschmelzung zweier Seelen.

Die ersten Schritte in diese neue Richtung, sind natürlich Aktivitäten, die jene Formen sprengen, die diese Veränderung nicht zulassen. Das Resultat ist dann eine «scheinbare Unordnung». Die Unordnung, - das Chaos - sind aber notwendige Voraussetzungen für eine neue Form, für eine Neuordnung.

Eine entstandene Unordnung hilft Veraltetes aufzulösen und lässt dadurch eine Leere entstehen, weil erst ein Leerraum Platz für das Neue schafft. Die Leere ist wie zwei offene Arme, die bereit sind, das Kommende zu umarmen. Eine entstandene Leere ist auch Stille, die ein Tor werden kann, für ein noch unbekanntes Reich, in eine Welt, die hinter dem

Sichtbaren und dem Bekannten tief in uns verborgen liegt.

Auf diese Weise beginnt jeder neue Weg mit dem «Schritt nach innen», der uns durch das Tor der Stille in einen Bereich führt, wo wir zuhören können. Wo wir von Empfindungen und Gedanken berührt werden, die wie leuchtendes Licht unsere «Strassen» erhellen und uns, auch durch das grösste Chaos des Lebens sicher führen.

Durch die Einswerdung mit unserer Ganzheit, entfaltet sich eine immer grössere Fähigkeit

zu verstehen *was Leben ist*,

und dadurch

ein wachsendes Verständnis dafür, *was Liebe ist*!

III. Strahl - Aktive Intelligenz

Der Strahl der Aktiven-Intelligenz ist die dritte göttliche Eigenschaft. Sie ruht in der Materie verborgen. Mit dieser Eigenschaft ist jede lebende Form ausgestattet, damit sie eine, auf Wachstum ausgerichtete Aktivität ausüben kann. Diese Qualität ist auch die Grundlage *für jede* verstandesmässig hervorgerufene Tätigkeit, um ein Ziel zu erreichen.

Dieser Grundimpuls *aktiviert jedes Wachstum* in allen Naturreichen und unterstützt gleichsam, den nach Wissen suchenden Menschen, um den Plan Gottes zu erkunden und ihn schrittweise zu erfahren. Durch diesen Prozess entsteht ein Erkennen, und daraus ergibt sich ein ständig veränderndes Wissen.

Das Suchen nach dem Wissen, - nach mehr Erkenntnis - kennt eigentlich kein bestimmtes Ziel. Der Suchende betätigt sich durch Experimente, durch Erfahrungen und durch die Auseinandersetzungen mit immer neuen Fragen. Auf diesem Wege sind die alten und neuen Riten, sind bedeutungsvolle Symbole und kraftstrahlende Worte entstanden, und in allen Zeiten, die Errungenschaften von Kultur und Wissenschaft.

Der Wirkungsbereich des III. Strahles ist am stärksten mit der Materie verbunden. Seine Energien erschaffen die *sichtbaren* und *gegenständlichen* Welten. Sie ermöglichen auch unsere Zivilisation. Zusammenfassend können wir sagen, dass diese drei Strahlen des Willens, der Liebe und der Intelligenz das sichtbare Leben ermöglichen, jede Form entstehen lassen, sie mit Eigenschaften beschenken und ihr Wachstum sichern. Wenn wir uns mit dem Intelligenz-Aspekt der Energien beschäftigen, ist es wichtig, daran zu denken, dass sie Energien sind, die auch unsere Denkkraft mobilisieren. Es sind strömende Energien, die durch die Kraft der Gedanken, entweder selbstsüchtige, oder aufbauende Energien zur Wirkung bringen, weil unsere Gedanken den Kanal schaffen, durch welchen die Energien des Geistes hindurchströmen können.

Die Fähigkeiten des III. Strahles sind wichtige, unterstützende Energien für unser Suchen. Weil eine immer klarere Denkfähigkeit eine wichtige Voraussetzung für ein wachsendes Verständnis ist, welches mit jedem errungenen Wissen, uns einen Schritt näher zu den Quellen spiritueller Kraft kommen lässt. Der Gleichtakt unseres Willens und unserer Gedanken wird dieses Voranschreiten noch unterstützen.

Durch das Studium der Strahlen, erfahren wir die Lehre der Ganzheit, die Verbundenheit und die Zusammengehörigkeit allen Lebens. Es vermittelt uns das Wissen, dass unsichtbare, aber starke Ströme, zwischen allen Leben, einen aktiven Energieaustausch bilden und, dass unsere Gedanken in diesen Prozess integriert sind!

Deshalb gibt uns dieses Wissen die Verantwortung nicht alleine nur über unsere Denkart-, sondern auch über etwas sehr Kostbares, etwas das wir gewöhnlich einfach nur LEBEN nennen. Eine Kenntnis der Strahlenqualitäten gibt uns auch wertvolle Hinweise, die ein grösseres Verstehen über das Zusammenwirken des Lebens, hervorrufen kann.

Alle drei Strahlen, der Wille, die Liebe und die Intelligenz, die mit ihren Eigenschaften das Wachstum und die Entfaltung des Lebens sichern, besitzen in ihren Manifestationen folgende Wirkungen:

I. Strahl	-	Wille, als Kraftstrom oder Macht,
II. Strahl	-	Liebe, als magnetische Kraft oder Weisheit,
III. Strahl	-	Intelligenz, als Impuls-Substanz in der Materie, oder Tätigkeit.

Die Schöpferkräfte GOTTES machen sich durch diese drei Ströme bemerkbar, sie durchtränken alle Formen mit der Fähigkeit zur Qualität und Strahlung, und mit einer Intelligenz zur Auslese und Differenzierung.

Das Resultat der Wirkungen dieser drei Hauptstrahlen, ist dann die Tätigkeit der vier weiteren Strahlen.

Die folgenden vier Strahlen sind eigentlich Differenzierungen der Wissens-Qualitäten, des III. Hauptstrahls. Sie erschaffen die manigfaltigen Formen, und bringen die Vielfalt der Eigenarten zum Ausdruck. Erkenntlich wird dadurch, dass auf diese Weise die vielen Verzweigungen in allen vier Naturreichen entstehen, dass so der Schöpfungsprozess in seiner ganzen Schönheit wirksam wird.

»Stufe um Stufe kommen wir dem Ziel bewussten und klaren Erkennens näher. Schritt um Schritt meistern wir die Materie und verbessern wir unseren Mechanismus für bewusste Wahrnehmungen und Kontakte. Nach und nach nähern wir uns dem «Punkt des Erkennens» und rüsten uns, den Berg zu erklimmen, von wo aus sich uns die Vision auftut. Wenn die Suchenden die Wunder dieser Schau ahnen und die Grösse der Belohnung erfassen würden, die ihrer Anstrengungen wartet, dann würden wir weniger Misserfolge und mehr Mut haben, grössere und stetigere Leistungen sehen, und die Welt würde schneller vom Licht der Erkenntnis erleuchtet werden.» A. A. Bailey

Die vier Strahlen der Erscheinungen

«Alle sieben Brüder sind Kinder desselben Vaters, aber die älteren drei sind ein Teil von des Vaters Natur. Die jüngeren vier ähneln der Mutter. Die drei älteren Söhne gehen hinaus ins Universum der Sterne und repräsentieren dort den Vater. Die vier jüngeren gehen hinaus ins Universum der Sterne und stellen die Natur der einen zur Schau, die der Vater liebte.»

A. A. Bailey.

Die ersten drei Strahlen könnten wir als das «Hervortreten des Geistes», und die anderen vier auch als die «Qualität der Erscheinungen nennen. Eine andere Formulierung wäre, dass die drei Hauptstrahlen vor allem die Verwirklichung des «Planes», und dadurch die evolutionäre Zielrichtung fördern und, dass die vier Attribut-Strahlen helfen, die dazu notwendige Qualität zu entwickeln. Aber dessen ungeachtet sind alle sieben

die differenzierte Manifestationen des EINEN LICHTES.

Jeder Mensch besteht, der Anlage nach, aus den drei primären Kraftpolen und jeder Mensch geht auf dem Weg der Erfahrungen durch Prozesse, die von vier speziellen Energien unterstützt werden.

IV. Strahl - Harmonie durch Konflikt

Der vierte Strahl ist jene Kraft, die stets nach Harmonie strebt und dadurch Schönheit hervorbringt. Diese vorwärtsstrebende Energie ist jene schöpferische Kraft, die durch Druck, Kampf und Spannung ihre Erfolge erzielt. Dieser Strahl ist der Garant für die Verwirklichung des «Neuen», aber auch die Ursache von Aufruhr und vorübergehender Spaltung.

Dadurch ist der *vierte Strahl* der *Erwecker* für eine immer neu entstehende Form der Schönheit, indem er die nicht mehr brauchbaren Formen verändert. So berühren seine Fähigkeiten immer die Quelle dessen, was erneuert werden sollte, um eine neue Harmonie zu gestalten.

Dieser Strahl ruft nicht nur in der physischen Form, sondern auch auf der Gefühls- und Denkebene Konfrontationen hervor und schafft dadurch die Möglichkeiten des Gegenüberstellens. Die so entstandenen Konflikte erschaffen die Situation der Notwendigkeit, Entscheidungen bewusst zu treffen.

So ist der IV. Strahl nicht nur der Strahl der Schönheit, der Verfeinerer und Bewirker von vollendeteren Formen, sondern durch eine ständig wachsende «Kampfbereitschaft» auch der «Erwecker der Qualitäten», womit er auch ein grosser Organisator sein kann.

Da dieser Strahl der wegbegleitende Strahl der Menschheit und damit «Arbeitsstrahl» im Reich des Menschen ist, lässt er uns, mit einem neuen Verständnis, die grossen Wellenbewegungen der Menschheits-Geschichte erkennen. Wieviel «Konflikte» müssen wir durchleben, bis sich die Bereitschaft für eine neue Harmonie in uns entwickelt hat, bis wir erkennen, dass eine stetige Formveränderung den Weg zu einer immer grösseren Harmonie und Schönheit darstellt.

«Von den sieben Grundstrahlen verkörpert der vierte Strahl das Prinzip der Harmonie, der allen Formen das gibt, was Schönheit bewirkt. Er versucht alle Auswirkungen, die aus der «Welt der Ursachen» hervorquellen, in harmonische Ordnung zu bringen. Im Grunde genommen ist er sowohl der Strahl mathematischer Exaktheit, als auch der Strahl des Künstlers.

«Der vierte Strahl ist im wesentlichen der Verfeinerer, der Bewirker von Vollendung innerhalb der Form.»

A. A. Bailey

V. Strahl - Konkretes Wissen

Der fünfte Strahl ist der Strahl der konkreten Erkenntnisse oder der Wissenschaft.

Die bei der Suche nach neuen «Harmonien» entstandenen Konflikte, und die daraus resultierenden Erfahrungen, die die Entscheidungsfähigkeit schulen, sind die Hauptmerkmale für die Zusammenarbeit der beiden Strahlen IV. und V. Diese zusammenwirkenden Energien unterstützen und fördern die ganze Menschheit auf ihrem Weg der Entfaltung. Es ermöglichte immer ein neues Aufblühen auf allen Ebenen des Lebens, wenn die Zeiten der Konflikte und der Spaltung zu neuen Erkenntnissen führten.

Nur die durch Erfahrungen errungenen Erkenntnisse, aus welchen auch immer *Wissen* resultiert, sind die Grundlage für jegliche Wissenschaft. Von dieser Seite aus betrachtet, lässt dies uns auch den Grund erkennen, weshalb einzelne Wissenschaftsbereiche sich in ihren Ausdrucksformen immer wieder ändern. Diese Aenderungen werden durch die Kraft des fünften Strahles hervorgerufen, der die Menschen unterstützt, die das Wissen handhaben. Die natürliche Folge davon ist eine veränderte Ausdrucksform der Wissenschaft.

«*Konkret*» wiederum, bedeutet *nicht*, die Beibehaltung von Grenzen des begrifflichen Denkens, sondern vor allem das Sicherheben über diese «scheinbaren» Hürden, um Wissen von einer «höheren» Sicht aus zu entfalten. Die *Kraft des Denkens* trägt die Fähigkeit in sich, uns undenkbar erscheinende Bereiche zu berühren, und sie zu erforschen. Ein «emporgehobenes» konzentriertes Denken, das die Stützen der bekannten Grenzen hinter sich lassen kann, entfaltet die Intuition in sich, die ein empfangsbereites Denken mit neuen Ideen befruchten kann.

Die Energien des fünften Strahles helfen uns, das zu formulieren, was wir zu einer bestimmten Zeit von Gott und seiner sichtbaren Schöpfung verstehen können. Der V.Strahl unterstützt eine wachsende Denkfähigkeit, um sie zu einer immer ganzheitlicheren Schau zu entfalten.

«Das Ziel eines wahren Wissenschaftlers ist eine ausgeglichene Persönlichkeit, die «nahe an der Seele» arbeitet. Solange die Persönlichkeit im Vordergrund steht, tritt die untere Region des Denkvermögens in ihre Rechte und bringt Trennendes in ihre Methoden. Doch die wahre Wissenschaft ist niemals separatistisch und in ihren verschiedenen Disziplinen ist kein Konkurrenzneid, sondern sie reflektiert die einzelnen Aspekte der göttlichen Ganzheit.»

A. A. Bailey

VI. Strahl - Idealismus und Hingabe

Die Tätigkeit des sechsten Strahles unterstützt vor allem die Entfaltung der Fähigkeit des Unterscheidens zwischen Erscheinung und Qualität, zwischen dem, was eine erschaffene Form darstellt und dem, was hinter diesem Sichtbaren verborgen bleibt.

Die beeinflussenden Energien, für diese Differenzierung zwischen den verschiedenen Scheinzuständen, sind eng mit der Astralebene verbunden und aktivieren daher die Gefühlsebene. Mit diesen Energien gelangen heftige, gefühlsbetonte Aktivitäten zur Tätigkeit, um durch diese Erfahrungen zwischen dem «Scheinbaren» und dem «Wirklichen» unterscheiden zu lernen.

Der Strahl der Hingabe lässt auch ein Gefühl des «Sehnens» nach dem Verborgenen, nach der «Schönheit», die alle sichtbaren Formen belebt erwachen. Dieses Sehnen ist zu Beginn, durch viele Leben lang, noch mit den kristallisierten Formen einer allgemein gültigen Denk-Form, also mit vorgelebten Idealen verbunden. So befinden wir uns immer wieder in Zeiten, in denen das, was wir möchten und das was möglich ist, nicht miteinander in Einklang zu bringen ist. Solche Erlebnisse haben wiederholt in vielen vergangenen Leben uns dazu verleitet, uns von der «rauhen» Wirklichkeit in einen scheinbar idealen Zustand ganz zurückzuziehen.

Da der VI. Strahl die Energien der Astralebene verstärkt, sind die Erfahrungen auf der Ebene der Gefühle, durch lange Zeiten, stark mit emotionalen Verblendungen verbunden. So können sowohl gefühlsbetonte Aeusserungen der Macht, als auch durch Ideologien hervorgerufenes Gruppenverhalten entstehen. Diese Energien verstärken auch in den einzelnen Menschen primär die Wunschnatur, die einen egozentrischen Brennpunkt innerhalb der Person schafft. Es liegt ebenfalls in der Eigenschaft dieser Verblendung, dass die, durch «Ichbedürfnisse» entstandene ideellen Ziele, als eine wahre Hingabe angesehen werden.

Die unterschiedlichsten Formen der Hingabe, wie die Bereitschaft, alles für ein grosses Ideal zu opfern sind aber wichtige, übende Lernschritte auf dem Weg unserer Weiterentwicklung. Der VI. Strahl-Einfluss begünstigt das Entstehen von Abhängigkeiten genauso, wie das Hintersichlassen von bis dahin so wichtigen Werten, um sich neuen Ideen hingebend, anderen Zielen begegnen zu können. Denn diese Energien des VI. Strahls, die uns durch viele Illusionen gehend begleiten, bewirken eine ständig zunehmende Fähigkeit an das Wahre und das Gute zu *Glauben*, trotz vieler Enttäuschungen.

Grosse «Ideale» vieler Gruppen entstehen durch die Energien dieses Strahles und führen auf diesen langen Weg, den wir als die *Reinigung der Gefühle* bezeichnen können. Denn die Gefühlsebene ist ein «wässriges Gebiet», das nicht nur wechselhaft und stürmisch sein kann, sondern auch die Quelle und der Ursprung von Dunst und Nebel ist. Trotzdem stellt diese Ebene etwas ganz Unentbehrliches für unser Leben dar.

Das Fische-Zeitalter - der Repräsentant des VI. Strahles - das jetzt langsam zu Ende geht, ist mit dem Symbol des Wassers eng verbunden. Im menschlichen Bewusstsein hat sich die Vorstellung in diesen Zeiten festgesetzt, dass die Menschen, wie Fische versunken, in einem Meer der Gefühle zu Hause sind.

Dies war eine wichtige Vorbereitung für das kommende Zeitalter des Wassermann-Zeichens, das auch im Bezug zum Wasser steht, wenn es auch als Luftzeichen die Ebene der Gedanken darstellt. Der Wassermann ist ein «Wasserträger» und bringt viele neue Ideen mit sich. Die zunehmenden «Stürme» unserer Zeit entstehen dadurch, weil der Wind (Wassermann = Luft) durch neue Gedanken, das so liebgewordene Wasser der Gefühle (Fische = Wasser) aufwühlend berührt. Die Prozesse, die dieses Geschehen auslösen, bestehen naturgemäss aus den verschiedensten, leidenschaftlichen Gefühlsreaktionen der Menschheit.

Auch ein bereits Suchender spürt noch oft in seinem Inneren die Notwendigkeit, liebgewonnene Ideen behalten zu können. Erst durch einen bewussteren Seelenkontakt, - in Verbindung mit dem Qualitäten des grossen zweiten Strahles -, wird eine vorwärtsstrebende Natur auch emotional ruhiger, und durch die Kraft der Gedanken, beherrschter.

Wenn einmal dieser Bewusstseinszustand erreicht worden ist, wird das «Wasser» des Astralkörpers klarer, und wenn so die Gefühle durch intensives Selbstbemühen gereinigt worden sind, wird der Suchende

> «auf der Oberfläche des Meeres wandeln und mit Sicherheit seinem Ziel entgegengehen». A. A. Bailey

Die Wirkungen des VI. Strahles können wir zusammenfassend so formulieren: Er

- erzeugt akute Situationen auf der Gefühlsebene, die grossen Kraftwirbeln gleichen,

- in diesen Wirbeln wird das Emotionale und das Ideologische verstärkt,
- dies ermöglicht und ruft ein mentales Suchen hervor,
- das als erstes Fanatismus und Massenidealismus erzeugt,
- bis die Stürme zuerst Leid und dann Erkenntnisse ermöglichen,
- wodurch die Hingabe aus einem wahren Verstehen des Lebens emporwachsen kann,
- die dann Innen und Aussen, Schein und Wirklichkeit, Schönheit und Wahrheit, Ziel und Weg eins werden lassen.

«Der sechste Strahl der Hingabe trägt das Prinzip bewussten Erkennens der Wahrheit in sich, die Fähigkeit, die ideale Wirklichkeit zu sehen, die hinter der Form verborgen ruht. Hierzu ist ein konzentriertes Aufbringen von innerem Sehnen und kraftvollen Gedanken erforderlich, um eine Ausdrucksform jener geahnten Wirklichkeit zu schaffen. Viele Formulierungen von Ideen, welche die Menschen tief beeindruckt und zu Tätigkeiten angespornt haben, sind dem Einfluss dieses Strahles zuzuschreiben.» A. A. Bailey

VII. Strahl - Organisation und zeremonielle Riten

Der siebte Strahl besitzt die Kraft und die Fähigkeit zusammenzufassen, zu organisieren, Entgegengesetztes einander näher zu bringen. Diese Energien regen den Menschen an, die Gedanken auf das Ganze zu richten und nach einer Vereinigung zu streben.

Wie verständlich wird uns dadurch, dass solch eine grosse Energiequalität, wie die des VII. Strahles in Uebergangszeiten die Zügel in die Hand nimmt, und umorganisierend den Weg in eine neue Stabilität einleitet.

Der VII. Strahl wird auch als der Strahl der «Zeremoniellen Riten» bezeichnet. Diese Energien lassen einen Prozess, wie den eines rythmischen Atems, erkennen, dem alles was lebt unterworfen ist. Dies bringt uns in Erinnerung, dass sowohl die grösseren Rythmen und Zyklen der Weltgeschichte, als auch die kleineren wiederkehrenden Rituale des Alltags, wie ein Pulsschlag des Lebens sind. Es lässt erkennen, dass das Leben in allen Naturreichen zyklischen «Zeremonien» untergeordnet ist. Dies ist ein Konzept, in dem die zur Entwicklung führenden Erfahrungen eingebettet sind. Die ganze pulsierende Kraft des Kosmos ist in einer Ordnung von sich rhytmisch bewegenden Gesetzmässigkeiten verankert.

So wird nicht nur jeder Ameisenhügel und jeder Bienenstock durch den Impuls instinktiver Rituale aufgebaut, auch die gesamte Entfaltung der Natur ist diesem zyklisch wiederkehrenden Rhytmen untergeordnet. Auch unser Wachstum ist mit vielen kleinen, sich immer wiederholenden Uebungen eng verbunden. Dies geschieht unabhängig davon, ob es sich um die Pflichten des Alltags handelt, oder wo durch das Einswerden mit einem im Gleichklang schwingenden «Ritual», neue Kraft und neuer Mut in uns hineinfliessen.

Viele alte zeremonielle Riten unterstützen, durch die Wiederholungen der Abläufe, das *Erkennen* der Sinnhaftigkeit der Zyklen, das *Verstehen*, dass Rhytmen Energien zum Fliessen bringen, und so immer wieder das *Einswerden* mit dem Ursprung des Lebens ermöglichen.

Die Energien des VII. Strahles lassen einen Gruppengeist lebendig werden und verändern die eher separatistische Einstellungen im Denk- und Glaubensbereich der Menschen. Die Entfaltung der Emanzipation war ein Höhepunkt der Individualisation, von wo aus uns der nächste Schritt in eine neue Gruppenformation führt, wo durch die Gemeinsamkeit eine neue schöpferische Potenz entsteht.

Licht und Klarheit sind wichtige Wesenszüge, die die Manifestation des VII. Strahles begleiten, um dadurch eine Konfrontation mit dem Entgegengesetzten horvorzurufen. Dies leitet immer einen Prozess der Bewusstwerdung ein, mit dem Erkennen neuer Sichtweisen.

Weiterhin kommt noch hinzu, dass diese VII.-Strahlqualitäten auch die Hilfe und die Fähigkeit vermitteln, das «Erschaute» zu verwirklichen. Das Ziel wird hier nicht nur durch eine passive Hingabe ersehnt, sondern durch eine aktive Mittätigkeit erreicht! Eine Unterstützung entsteht, wenn die innere Wahrheit mit den äusseren Formen in Uebereinstimmung gebracht wird. Die Folgen solcher Geschehnisse sind dann entweder «enthüllend» oder im anderem Fall, «erleuchtend». Durch die

Aktivierung des Lichtes - welches im Tätigkeitsbereich des siebten Strahles liegt - kommen ebenso neue spirituelle Formen ins Dasein, wie auch solche Formen entstehen, deren Kraftausrichtung noch eng mit materiellen Interessen verbunden sind.

Die unterschiedlichsten Themen von Macht, die unzählig verschiedenen Formen dessen, was wir Liebe nennen, ebenso, wie all die Bereiche, die lange Zeiten mit einem Tabu belegt waren, werden heute nun, durch die Wirkung des VII. Strahles, an die Oberfläche geschwemmt. So bekommen wir Möglichkeiten alles mit anderen Augen anzuschauen, es auf eine neue Art zu erkennen und ihm mit einem verbesserten Verständnis zu begegnen.

Die Konfrontationen von Oben und Unten, von Lichtkraft und den an der Form festhaltenden Energien, von zeitlosen Wahrheiten und den Grenzen des logischen Denkens, von universeller Liebe und egozentrischen Bedürfnissen, das alles sind wichtige Themen, die diese Strahlenenergie mit ihrer Gabe zu erneuern, mit ihrer Fähigkeit zu erhellen, weise berührt.

> «... bestimmte Lichtmanifestationen, während sie in die Welten ausstrahlen, erzeugen die aufprallenden Energien von Umwälzungen, Störungen, Fortschritt und Entfaltung. Sie erschaffen die benötigten neuen Formen und beleben und qualifizieren die Aufnahmefähigkeit des Bewusstseins.»
>
> A. A. Bailey

DIE NATURREICHE UND IHRE STRAHLEN

VISUDDHA-CAKRA / Hals-Zentrum

«Licht, Klang, Farbe und Form verbinden sich miteinander und verschmelzen, und so wird das Werk eins.»

Vielleicht ist es eine ungewohnte Vorstellung für uns, dass jedes Naturreich eine Einheit darstellt, dessen Ganzheit aus der Summe aller Einzelteile besteht.

Die Energien, die die charakteristische Eigenart eines Naturreiches bestimmen, fliessen, durch jede einzelne Verkörperung dieses grossen Wesens, welches ein Naturreich darstellt. So fliessen durch alle Naturreiche, genauso wie durch den Menschen, zwei Hauptstrahlen, jener der Seele und der der Persönlichkeit. Dies sind Strahlen, die durch ihre Energien ein Reich beeinflussen und ihre Entfaltung unterstützen.

Die folgende Tabelle zeigt die Hauptwirkung der sieben Strahlen und ihre Einflüsse auf die einzelnen Naturreiche.

NATURREICH	STRAHL	AUSDRUCK
Mineralreich	VII. Zerem. Organisation	= Radioaktivität
	I. Wille oder Kraft	= Urreservoir der Kraft
Pflanzenreich	II. Liebe-Weisheit	= Magnetismus
	IV. Schönheit/Harmonie	= Entfaltung der Farben
	VI. Idealismus/Hingabe	= Sog zur Höherentwicklung
Tierreich	III. Anpassungsfähigkeit	= Instinkt
	VI. Hingabe	= Zähmung als Haustier
Menschenreich	IV. Harmonie d. Konflikt	= Wachsen durch Erfahrung
	V. Konkretes Wissen	= Intellekt
Reich d. Seelen	V. Konkretes Wissen	= Persönlichkeit
	II. Liebe-Weisheit	= Intuition
Planetenwesen	VI. Hingabe an Ideen	= Der Plan
	III. Aktive Intelligenz	= Schöpferisches Werk
Solare Wesen	I. Wille oder Kraft	= Universales Denkprinzip
	VII. Zeremonielle Magie	= Das alles zur Einheit zusammenfassen.

Das Mineralreich und seine Strahlen VII und I

Die vorhergehende Tabelle zeigt deutlich die enge Verbindung zwischen den Solaren Wesen und dem Reich der Mineralien auf unsere Erde. Diese beiden Reiche weisen einerseits die grösste Feinheit, und anderseits die grösste Dichte auf. Ebenso sind beide ein Schöpfungsprodukt des Willens und des Organisationsvermögens.

So resultiert aus der Tätigkeit des siebten Strahles die irdische und feste Substanz unseres Planeten, die in verschiedenen mineralischen Formen präsent ist. Dies sind auch jene mineralischen Stoffe, aus denen andere Reiche ihre lebenswichtige Nahrung ziehen.

«Wenn wir die Welt der Mineralien betrachten, stehen wir bewundernd vor den vollkommenen geometrischen Strukturen dieses Reiches und spüren den Rhythmus von Riten in den Myriaden von Formen, die sie verkörpern. Hier ist die grosse organisierende Kraft des siebten Strahles stark spürbar, und die Fähigkeit der Macht des ersten Strahles, die die ständige Formverwandlung dieses Naturreiches bewirkt, dessen Werdegang in den folgenden Begriffen verborgen ist:

Verdichtung - Umwandlung - Strahlung». A. A. Bailey

Wie klar wird doch der Prozess der Entwicklung durch diese drei Begriffe beschrieben, die im Grunde genommen - für alles Werdende - den Anfang und das Ende, ein Beginnen und dessen Resultat aufzeigen. Dieser Prozess beschreibt die Notwendigkeit einer Involution, damit eine Evolution überhaupt entstehen kann.

Wie A.A.Bailey es formuliert :
«Dieses Festwerden oder Erstarren der ätherischen Substanz, bildet in seiner Dichte die solide Materie als Fundament der objektiven Welt. Es ist das sichtbare Ergebnis des Wechselspieles der Energien und Qualitäten des ersten und des siebten Strahles. Durch ihren vereinten Willen und ihre geordneten Rhytmen haben sie diesen Erdball samt seiner inneren Schmelzmasse geschaffen.»

Durch diese Anschauung fällt es uns leichter, auf eine neue Art zu verstehen, dass jeder Prozess des Werdens, primär durch Ordnung und Kraft, durch Feuer, Hitze und Druck, seinen Werdegang durch die grösste Dichte erfahren muss. Denn erst die dadurch gewonnenen neuen Qualitäten, ermöglichen eine zunehmende Strahlungsfähigkeit.

Den Prozess der Wandlung und dessen sichtbare Stufen im Mineralreich, kennen wir in seinen folgenden Erscheinungs-Formen wie:

- die unedlen Metalle
- die Edelmetalle
- die Halbedelsteine und
- die kostbaren Edelsteine.

Somit finden wir in der Welt der Mineralien die konkreteste Ausdrucksform einer harmonischen Zusammenarbeit von *Kraft und Ordnung*.

Auch ist das Mineralreich, das in seinem Lebensbereich die stärkste Verdichtung aufweist, gleichzeitig «das Gerüst» oder die Basis für all die anderen Formen des Lebens.

Das Pflanzenreich und seine Strahlen II, IV und VI

Zwei Strahlen beherrschen jedes Naturreich mit Ausnahme des Pflanzenreiches, dessen Eigenart von drei verschiedenen Energien beeinflusst wird. Jede dieser drei Energien bewirkt die Entfaltung einer Qualität. Es gibt keinen anderen Bereich des Lebens, der sich so ausschliesslich der Qualitäts-Entfaltung widmet, wie es dieses Reich tut.

Aber das «Leben», ein wachsendes Bewusst-Sein, oder die sich entfaltende «Qualität», brauchen immer wieder neue «Formen» als Möglichkeit der Erfahrung. Dadurch ist jede neue Form der Ausdruck eines veränderten Bewusstseins, und die Erfahrungsmöglichkeiten einer «Form» sind die Grundlage für eine nächste Formgestaltung. Nicht nur alle Reiche entstehen so, auch die Veredelung des Einzelnen geschieht auf diese Art und Weise. So erschafft das hochentwickelte Pflanzenreich immer wieder neue Formen, um auch seine wachsenden Qualitäten auf eine immer neue Art ausdrücken zu können.

Es zeigt sich dadurch, dass die Form, durch welche das «ewige Leben» sich manifestiert, nur von zweitrangiger Bedeutung ist, weil die Ausdrucksform des Lebens «nur» einen Mechanismus darstellt, der entsprechend der innewohnenden Qualität funktioniert. Zusammenfassend könnten wir sagen, dass

> *durch die Entfaltung des Bewusstseins, das Leben sich auf immer neue Arten manifestiert.*

Jedes einzelne Naturreich steigert seine Empfindungs- und Reaktionsfähigkeit durch die Veredelung seiner Form-Hüllen und geht den Weg der Entwicklung, damit die innere Substanz immer klarer nach aussen strömen kann.

Die drei Strahlen, die gemeinsam das Pflanzenreich beeinflussen sind:

Der II. Strahl, der die magnetische Anziehungskraft vermittelt, die diesem Reich so eigen ist.
Der IV.Strahl, der zuständig ist für die Farben und für die harmonisierenden Energien, die dieses Reich einzigartig darstellt.
Der VI. Strahl, der die Energie der Hingabe beinhaltet, die das Wachsen gegen das Licht bewirkt.

Alle drei Strahlen zusammen bewirken den Duft, die Gerüche, die die höheren Arten dieses Reiches ausstrahlen, und dies ist - wie es in den alten Schriften heisst - auch in der Aura unseres Planeten wahrnehmbar.

Somit durchströmen die Qualitäten der Liebe, der Schönheit und die Fähigkeit der Hingabe dieses Reich, welche sie dann mit grosser Bereitschaft weiter schenkt. Durch die strahlenden Farben der Pflanzen wird unser Herz für die Fähigkeit zur Liebe gestärkt, unsere Seele spürt durch sie die Verbindung zu den ätherischen Sphären, und unser Körper wird durch die «Früchte» ihrer Hingabe genährt.

Das Pflanzenreich ist auch der Umformer des vitalen Fluidums, das wir auch PRANA nennen. Es ist ein Transformer von Lichtenergien, und es macht die Substanzen des Lichtes auch für unseren Körper zugänglich. Dies ist auch der tiefere Sinn für eine vegetarische Ernährung, dass wir unseren Körper mit zu Nahrung verarbeiteten Lichtpartikeln versorgen und uns nicht mit den unverarbeiteten Emotionen des Tierreiches belasten.

Das Tierreich und seine Strahlen III und VI

Der dritte Strahl ruft in diesem Reich die Entwicklung des Instinktes hervor. Die Energien der aktiven Intelligenz ermöglichen einen Reaktionsmechanismus, der eine enge Verbindung des Gehirns mit dem Nervensystem und den fünf Sinnen schafft. Dies verhilft zur Fähigkeit des Aufspürens einer wichtigen Fährte, der instinktiven Auffindung dessen, was als wichtig erscheint, oder der Unterscheidung von Gerüchen und zur Identifizierung von Freund oder Feind.

Daraus ist klar ersichtlich, dass der dritte Strahl primär *nicht* die Fähigkeit des Intellekts, oder die Fähigkeit zum Wissen beinhaltet, sondern dass er den Träger jener Intelligenz darstellt, der als Grundlage bereits in den Instinkten vorhanden ist. Instinkt ist die Intelligenz der Natur, ist die Entfaltung der Sinne für das Leben. Somit ist der III. Strahl ein aktiver, praktischer Strahl, und sein Einfluss zeigt die Paralellen der Handlungsweisen auf, die zwischen Mensch und Tier oft viel grösser sind, als es uns bewusst sein mag.

Der sechste Strahl des Idealismus ist im Tierreich zuständig für die Lern- und dadurch die Denkentfaltung. Dieser Prozess beginnt durch die Zähmung, durch die Ausbildung und durch die Haltung von Haustieren. Dadurch trägt der Mensch, als Mitglied eines höher entwickelten Reiches, auch die Verantwortung für seine Umgangsart mit den ihn anvertrauten Tieren in sich. Deshalb wird

- die Instinktnatur des Tieres durch die Gedankenwelt dieses Menschen beeinflusst, in dessen Umgebung das Tier lebt, und

- die Qualität seiner Hingabe entsteht durch die Gefühle, die sein Betreuer ihm entgegenbringt.

Die in Menschennähe lebenden Tiere haben bereits eine höhere Entwicklungsstufe, und darum auch eine eigene Strahlen-Zugehörigkeit, wie die:

Elefanten 1. Strahl, Pferde 6. Strahl,
Hunde 2. Strahl und Katzen 3. Strahl.

Die Strahlenzugehörigkeit eines Menschen beeinflusst auch seine Anziehung, die er zu einem bestimmten Tier hat. Wenn zum Beispiel jemand eher zu der 1-3-7 Reihe gehört, dann werden wahrscheinlich Katzen als Haustier bevorzugt, wenn aber bei jemanden mehr die 2-4-6 Reihe dominiert, dann werden eher Hunde zu seinen Haustieren gehören.

Zusammenfassend ist also festzustellen:

Das Mineralreich
reagiert und arbeitet mit den Grund-Energien des *Feuers*, die sich durch die Evolution in minerale Strahl-Energien umformen.

Das Pflanzenreich
reagiert auf die Energien des *Wassers*, und durch eine rhythmisch tätige Verbindung von Wärme und Wasser entstehen formverändernde Möglichkeiten, die die Artenentfaltung gewährleisten.

Das Tierreich
reagiert auf eine Energie, die eine Kombination von *Feuer und Wasser* ist. Es ist das erste Naturreich, das sowohl die Möglichkeiten der Willensentfaltung(Feuer), als auch die Fähigkeit des Empfindens(Wasser) in sich trägt, und dadurch seine Reaktionen durch ein wachsendes Bewusstsein beeinflussen kann.

DER MENSCH
IN MANIFESTATION

ANAHATA-CAKRA / Herz-Zentrum

Der Aetherkörper und seine Zentren

Ein sichtbarer Körper, mit all seinen Organismen und seiner Funktionsfähigkeit, ermöglicht der Seele auf der physischen Ebene wirksam zu sein. Dieser Körper, der «Reaktionsapparat» eines geistigen Wesens, ist umhüllt von einem Energieleib, den wir auch Aetherleib nennen. Die wichtigste Funktion des Aetherkörpers besteht in der Belebung und Aktivierung eines physischen Körpers, indem er die «Materie» mit den Energien aus den feinstofflichen Ebenen des Geistes verbindet.

Ein Aetherkörper wird manifest durch die Bereitschaft der Seele, sich erneut mit der Formnatur zu verbinden. Das Licht der Seele «steigt ab», «verdichtet sich», und beginnt zu der dichtphysischen Form in Beziehung zu treten. Es entsteht ein Austausch durch Energiefäden, die auch Nadis genannt werden. Dort wo viele Linien sich kreuzen, bilden sich grössere Energiezentren, und dort wo die grossen Energieströme einander begegnen - wie im Kopf und entlang der Wirbelsäule - entstehen und pulsieren die sieben Hauptzentren.

Jeder individuelle Aetherkörper ist ein Teil eines riesigen Energienetzes, das die Grundlage für alle grossen und kleinen - makrokosmischen und mikrokosmischen - Formen bildet. Entlang dieser Energiefäden strömen die kosmischen Kräfte, genau wie das Blut durch die Arterien und Venen fliesst. Dieser ständige individuelle Kreislauf der Lebenskräfte durch den Aetherleib aller Formen, ist die Grundlage für jedes manifestierte Leben.

Durch dieses ätherische Energiefeld fliessen auch die «grösseren» kosmischen Energien wie in einen «kleineren» individuellen Kreislauf hinein, und schaffen dadurch eine universelle Verbindung zwischen allen lebenden Formen. Wie durch unzählige feine Linien strömen die Energien dieses unermesslichen Netzwerkes aus höheren Ebenen, in eine dichtere ätherische Ebene, und bilden ihren eigenen Energiekreis im ätherischen Vitalleib.

Somit trägt ein ätherischer Energiekörper das Grundmuster in sich, nach welchem ein physischer Körper geformt wird, und ist sowohl

- ein System der Uebermittlung, wie
- die Schablone für den physischen Körper und damit
- ein Netzwerk aus feinen Kanälen, die aus verschiedener ätherischer Materie erbaut sind.

Schon in der Bibel hat man den ätherischen Körper, als ein mit «Feuer durchwobenes Geflecht», oder als ein «von goldenem Licht belebtes Gewebe», als eine «güldene Schale» bezeichnet.

Der Aetherleib, der aus ätherischer Materie erbaute lebensspendende Vitalkörper, umhüllt jede dichtphysische sichtbare Form. Der ätherische Vitalkörper kann auch als Zentrale betrachtet werden, in welcher einerseits die höheren feinstofflicheren Ebenen ihre Energien hineinfliessen lassen, wie auch anderseits, die bereits vorhandene Empfindungen und Denkformen aus der Astral- und Mentalebene, hier zum Ausdruck kommen.

Der individuelle Astralkörper kommt durch das Wirken der Gefühlsreaktionen zwischen den Gegensatzpaaren von Seele und Form und damit durch Schmerz und Lust zustande. Der

Astralleib, mit seinen Energien, wirkt auf das Bewusstsein in Form von Wünschen, Impulsen, Begierden, Sehnsüchten, Aengsten, Projektionen. Er ist sowohl ein Bereich für starke Antriebskräfte, als auch der Stammplatz für grosse Illusionen. Diese «wässrig-ätherische» Ebene wiederspiegelt die Gefühlsregungen des Einzelnen, wie sie auch mit dem grossen emotionalen Aetherkörper der Menschheit verbunden ist.

Der individuelle Mentalkörper ist entsprechend der Möglichkeit entfaltet, wie eine bereits vorhandene Fähigkeit «Denkstoff» erbauen kann. Aber ein stark wirkender Emotionalkörper beeinflusst auch die Tätigkeit des Mentalkörpers und bewirkt die Vielfalt des Wunschdenkens und schafft die Denkformen der Illusionen.

Vier Werkzeuge hat somit die Seele bei ihre physischen Manifestation zur Verfügung:

- den grob-physischen Körper
- den Aether- oder Vital-Körper
- den Astral-Körper
- den Mental-Körper.

Der Aetherleib trägt die Aufgabe und die Möglichkeit für die Auswahl und für das Weiterleiten der Energien in sich. Damit ist der Aetherkörper ein Mechanismus des Hereinströmens und des Hinausfliessens. Der Aetherkörper ist auch die feinstoffliche Form eines bereits erreichten Bewusstseins, das entsprechend seines evolutionären Standes, jede neue Inkarnation bestimmt und beeinflusst. Denn der evolutionäre Entwicklungsstand des Bewusstseins ist dafür zuständig, welche ätherischen Zentren schon entfaltet, empfangsbereit und deshalb «funktionsfähig» sind.

Unsere bereits absolvierten Erfahrungen bestimmen, welche der sieben Zentren aktiv oder inaktiv und für welche «Einflüsse» empfangsbereit sind.

Die im ätherischen Vitalkörper zentrierten Energien sind:
die ätherisch flüssige
- Astral, oder Gefühlsebene, und

die ätherische
- Mentalebene.

Auch die sich weiter verfeinernden subätherischen Ebenen, wie
- die Intuitionsebene, oder BUDDHISCHE Ebene,
- die Ebene der Seelen, oder die ATMISCHE Ebene, und
- die Ebene des Geistes, die auch AKASHA genannt wird.

So sind die «Zentren» des Aetherkörpers sowohl Verbindungstore zum physischen Körper, als auch Empfänger der Energien aus den höheren Ebenen des Geistes.

Damit verbinden die strömenden Energien:

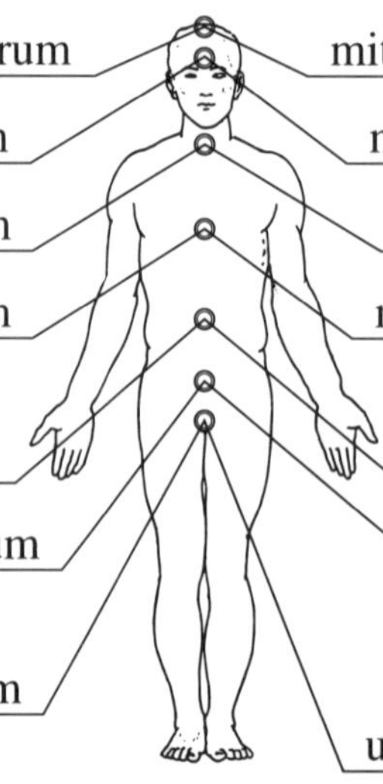

das Scheitelzentrum mit der Ebene des Geistes,
das Ajnazentrum mit der Ebene der Seele,
das Kehlzentrum mit dem Mentalkörper,
das Herzzentrum mit der höheren Mentalebene
den Solarplexus mit dem Astralkörper,
das Sakralzentrum mit dem Astral- und dem Vitalkörper,
das Basiszentrum mit d. Vitalkörper und d. physischen Ebene

Die sieben ätherischen Zentren sind die Brennpunkte, sowohl für die Energieaufnahme, als auch für die Energieverteilung für das ganze menschliche System. Sie sind zuständig für das Wohlbefinden und für die Gesundheit.

Die ätherischen Zentren steuern den Energiefluss, ob es sich hier um noch nicht losgelassene alte Energieformen, oder aus der Umwelt bezogene Energien handelt, oder um die Energien der Seele. So hat der Aetherkörper, als Energieübermittler, die wichtige Aufgabe,

- zu empfangen,
- zu assimilieren und
- zu übermitteln.

Die aus der Seele fliessenden Energien sind auch mit jenen Strahlenimpulsen verbunden, die für eine neue Inkarnation und für deren kommende Lebensaufgaben die Persönlichkeit beeinflussen möchten.

Aber genau dies ist der Bereich, in dem der Ursprung für viele Probleme des Lebens liegt. Wenn nämlich die neue Strahlungs-Zugehörigkeit eine «alte» Lebensart, - deren unbewusste Erinnerungen noch von Bedürfnissen und Sehnsüchten geprägt sind -, nicht mehr unterstützt, kann eine unbewusste Weigerung für die Annahme der neuen Energien entstehen. Wenn die Bereitschaft, die Impulse der Veränderung zuzulassen nicht vorhanden ist, ruft diese Weigerung Stauungen im Energiefluss hervor. Energiestau bewirkt im Körper Unruhe, Stress und ruft auch Krankheiten hervor. Hier wird einmal mehr deutlich, dass der physische Körper kein festgefügtes «Prinzip» ist, d.h. nicht der Körper befiehlt, *sondern ihm wird vermittelt.*

Damit sind die ineinander greifenden Systeme des Lebens :

- Der Aetherkörper, der vor allem durch seine sieben Hauptzentren strömt.
- Das endokrine System des physischen Körpers, das durch die sieben Hauptdrüsen wirkt.
- Das Nervensystem, das durch das Netz der Nerven, die Fäden der Lebenskraft bildet.
- Das Herz, als Zentrum des Lebens, von wo aus der Blutstrom die Systeme verbindet.

Alle diese Systeme sind sehr eng miteinander verbunden und bilden ein geschlossenes Leitsystem für die Energien und Kräfte. Sie sind voneinander abhängig, und in ihnen ist die Gesundheit des ganzen Organismus verankert. Sie bestimmen den physischen Körper und dessen psychologische Eigenschaften.

Lange Zeiten hindurch reagiert dieses Leitsystem zuerst entweder auf den mentalen oder den emotionalen Körper, und deren Strahl. Erst eine integrierte Ganzheit wirkt durch die Energien der Persönlichkeit, bis schliesslich die Energien und der Strahl der Seele die Führung übernehmen.

Wenn man diese Vier, - die Persönlichkeit und ihre drei Ich-Bereiche - als die vier Aspekte eines ganzheitlichen lebendigen Kreislaufsystem ansieht, erkennt man die Analogie zu den vier Aspekten der Materie. So ist jedes System sowohl positiv, als auch negativ und kann als wiederstrebende Kraft, oder als dynamische Energie wirken. Jeder Teil einer Ganzheit entspricht der Dualität von Seele und Persönlichkeit und ihren unterschiedlichen Strahlenenergien.

Es sind die «Einweihungen» der Seele, in einer physischen Inkarnation, als Menschenwesen tätig zu sein. Die Dualität wird erfahren durch die vier Aspekte der Persönlichkeit, um den Weg zu der Dreifachheit des Göttlichen Ganzen zu finden.

Auch unsere Erde empfängt Energien von der Sonne. Energie bedeutet in der Sanskritsprache PRANA. Prana vermischt sich auch mit der Färbung der vorhandenen Erd-Qualitäten und diese neue Energieart fliesst danach an den Mikrokosmos weiter. Auch der Mensch leitet Prana durch seine ätherische Hülle hindurch, gibt ihm die Färbung seiner ganz speziellen Eigenart und übermittelt es dann weiter, in die eigenen Lebensbereiche. Demnach ist Energie oder PRANA eine aktive «Strahlung», deren Schwingung und Qualität, entsprechend der sie ausstrahlenden Wesenheit und ihrer Bewusstseins-Ebene, verschieden ist. Pranische Strahlung ist eine ewige Bewegung der Energien, eine grosse wechselseitige Verbindung, die alle Teile der kosmischen «Ganzheit» durchdringt.

Jedes solare, planetarische oder menschliche Leben hat ein Ziel, eine Absicht. Aus diesem Grund verbindet sich die Energie der Seele mit einer bestimmten Form, erfüllt sie mit Leben und verwendet sie für ihren Zweck. Wurde ein bestimmtes Ziel erreicht, ist ein Experiment vorüber, dann beginnt sich die «Aufmerksamkeit» der Seele aus der Materie zurückzuziehen.

Wenn das Dasein auf der dichtphysischen Ebene zu Ende geht, und der strahlende Aetherkörper austritt, zerfällt der zurückgelassene physische Körper. Wenn die ätherischen Energien sich zurückziehen, fliesst kein belebendes Feuer mehr in den Körper, und die sichtbare physische Materie wird «rückerstattet». Wenn die lebendige Polarität zwischen Seele und Materie nicht mehr besteht, werden auch die verbindenden Energie-Fäden des Aetherkörpers nicht mehr gebraucht und lösen sich langsam auf. Diesen Prozess nennen wir den «ersten Tod», und die Seele zieht sich dabei, entsprechend der Verankerung des Bewusstseins des Menschen, in den astralen oder mentalen Körper zurück. Dem Evolutionsstand entsprechend, beansprucht es unterschiedliche Zeiten, bis auch diese beiden Körper bereit sind, sich nach und nach langsam aufzulösen und zu «sterben». Diesen Prozess nennen die alten Schriften den «zweiten Tod». Erst dann wird die Seele wirklich frei und kann von diesem Augenblick an Gestern und Morgen, Geist und Materie, als eine zusammengehörende Ganzheit erkennen.

Darum ist es ein wichtiger Schritt, bereits in unserem Erdenleben die feinstofflichen, ätherischen Bereiche nicht nur zu verstehen, sondern sie auch wagen wahrzunehmen. Durch die Entfaltung der Fähigkeit zur ätherischen «Schau» wird unser Wissen sich stark verändern. Wir werden dann auch die vielen Devas erkennen, die durch ihr Wissen, ihr Wirkkraft und ihre Hilfsbereitschaft, die ätherische Ebene mitgestalten und beeinflussen.

Die Devas - auch Engel genannt - sind eine parallele Evolution zum Menschenreich, die bei der Entfaltung aller Reiche einen wichtigen Beitrag leisten. Die Evolution des Menschen ist ja nur eine von vielen Entwicklungslinien des grossen Lebens. Die kleinen vielfältigen ätherischen Geschöpfe, auch als Zwerge, Gnomen, Elfen, Feen, Sylphen, Salamander usw. genannt, sind an den Hüllen der Naturreiche und in den Elementen tätig. Sie stehen auf der unteren Sprosse der Leiter, in deren höheren Bereichen die Devas, die Engel, anzuordnen sind, die die menschliche Evolution begleiten. Die grossen Devas, die lichtstrahlenden weissen Engel, begleiten auch immer die «Lehrer des Himmels», wenn sie mit neuen Botschaften auf unsere Erde kommen.

Durch eine bewusstere Verbindung zum ätherischen Reich, werden wir auch die Wirkung des Klanges besser verstehen lernen, und dadurch auch die veränderungsbringende Kraft der ätherischen Schwingungen. Wir werden auch den strahlenden Energien der Farben viel mehr Beachtung und Bedeutung zumessen. Wir werden sie vermehrt als Therapie für Krankheiten, und in den Zeiten der Krisen, für unseren Gefühlskörper viel bewusster einsetzen. Besonders die Anwendung des violetten Lichtes wird heilende Resultate erzielen, wenn erkannt wird, dass die Ursache einer Krankheit im ätherischen Körper liegt.

So erwacht in uns immer mehr die Erkenntnis über die Wichtigkeit eines vollwertigen ätherischen Körpers, und ein immer klareres Verstehen darüber, was ein bewusster Umgang mit den unsichtbar strömenden Energien bedeutet.

Der Energiefluss im physischen Körper

Die klaren Energien des Geistes durchströmen und befruchten die Seele. Durch die Seele wiederum werden die ätherischen Bereiche des Denkens und Fühlens berührt und belebt. Diese Energien zentrieren sich dann im ätherischen Vitalkörper als «Kräftewirbel», und verdichten sich auf der Ebene der Materie zu Drüsen, die die Botschaften der Energien durch die Nerven- und Blutbahnen für den ganzen physischen Körper vermitteln.

Die endokrinen Drüsen sind die physischen Entsprechungen der sieben ätherischen Kraftzentren, und der sichtbare Beweis für das Vorhandensein dieser feinstofflichen Energie-Zentren.

Kopfzentrum	-	Zirbeldrüse
Ajnazentrum	-	Hypophyse
Kehlzentrum	-	Schilddrüse
Herzzentrum	-	Thymusdrüse
Solarplexus	-	Bauchspeicheldrüse
Sakralzentrum	-	Keimdrüsen
Basiszentrum	-	Nebennieren.

Die Drüsen sind zuständig für das Weiterleiten und für die Verteilung der Energien im dichtphysischen Leib. Verschiedene Wissenschaften beschäftigen sich schon lange mit dieser Tatsache. Aber der «Zeitfaktor» wird bei der Betrachtung dieses Verteiler-Netzes oft übersehen, denn unser jeweiliger Evolutionsstand und sein Prozess bestimmen, ob der Körper ein automatisches Werkzeug des Wunsch- oder Denkkörpers ist, oder ob die Seele die Möglichkeit hat, ihren Zielen entsprechend, die Energien zu lenken.

Jedes Zentrum beeinflusst einen ganz bestimmten Bereich des Körpers, wie:

- die Zirbeldrüse	- den oberen Gehirnteil, rechtes Auge,
- die Hypophyse	- den unteren Gehirnteil, linkes Auge, Nase, Nervensystem,
/ Epyphyse	- Alta Major-Zentrum, Wirbelsäule,
- die Schilddrüse	- den Atemapparat, Sprachwerkzeuge, Ernährungskanal,
- die Thymusdrüse	- das Herz, Kreislauf, Blut, Vagusnerv,
- die Bauchspeicheldrüse	- den Magen, Leber, Gallenblase, Nerven, Emotionen,
- die Keimdrüsen	- die Geschlechtsorgane, Vitalkraft des Körpers,
- die Nebennieren	- Nieren, Wirbelsäule, Willensenergie, und ist auch das polare Gegenstück zum Kopfzentrum.

Klar ersichtlich wird durch diese Tabelle, dass in allen Bereichen des physischen Lebens eine bereits vorhandene Energie-Qualität sich manifestiert, die durch ihre spezielle Eigenart auch die Themen des nächsten Entfaltungsschrittes bereits in sich trägt. Diese ätherische Energie-Art bestimmt damit sowohl den Zustand und die Funktionsfähigkeit des Körpers, als sie auch seine Stärken und Schwächen prägt.

Die, von der Denk- und Empfindungsebene fliessenden Impulse, die gleichzeitig unsere Kontroll- und Steuerungsmechanismen sind, werden durch das Nervensystem weitergeleitet. Sie beeinflussen unsere Gehirntätigkeit und auch den Blutstrom. Dadurch beherrscht dieses eng verbundene Energienetz, das eine Entsprechung zu den feinen Energiekanälen des Aetherkörpers ist, durch Nerven, Gehirn und Blutstrom, die gesamte Tätigkeit des Menschen.

Wir erkennen dadurch, dass der evolutionäre Entwicklungsstand der ätherischen Kräftezentren, die bestimmenden Ursachen für eine dichtphysische Manifestation in sich trägt. Sowohl die Form des Körpers, als auch die bevorzugte mehr oder weniger aktive Lebensweise, oder die Neigung zur Ueber- oder Unterfunktion einzelner Organe, hat die Quelle für die jeweilige Ausdrucksart in den ätherischen Zentren.

Die sieben Zentren, die sieben Haupt-Energie-Bereiche im Körper sind die sieben wichtigsten Kräfte-Brennpunkte des Lebens, und damit ist jedes von ihnen in seiner Wirkungsart ein Ausdruck einer der sieben Strahlenenergien.

Dadurch manifestiert sich im allgemeinen eine Verbindung durch:

- das Kopfzentrum, oder dessen dichtphysische Tätigkeitsentsprechung, dem Basiszentrum, mit dem I. Strahl des Willens
- das Ajnazentrum mit dem V. Strahl des Wissen,
- das Kehlzentrum mit dem aktiven III. Strahl,
- das Herzzentrum mit dem II. Strahl der Liebe,
- der Solarplexus mit dem VI. Strahl der Emotionen,
- das Sakralzentrum mit dem vereinenden VII. Strahl,
- das Basiszentrum mit dem konfliktbereiten IV. Strahl.

Diese Verbindungen zwischen Zentrum und Strahl verändern sich, wenn sich der Brennpunkt des Bewusstseins von den unteren Energiezentren zu den oberen verlagert hat. Das heisst, wenn die primären Tätigkeits-Impulse sich in ihrer Wirkungsart verändern. Besonders die «aktiven» Strahlen, wie 3-5-7 fliessen durch ein anderes Tor, wenn die Erkenntnis, dass das Leben eine zusammengehörende Ganzheit darstellt, entfaltet wird.

Dann strömt zum Beispiel durch:

- das *Ajnazentrum* - der Zeiten, Ebenen und Energien verbindende VII.Strahl,
- das *Kehlzentrum* - der V. Strahl der schöpferischen Kraft,
- das *Sakralzentrum* - der III. Strahl, als belebende Quelle der Erneuerung.

Die Strahlenzugehörigkeiten zu den einzelnen «Aktivitätszentren» im Körper, lassen auch klar erkennen, welche Lebensbereiche durch die Strahlenkonstellation der Persönlichkeit stimuliert werden, das heisst, welche Zentren mit den Lernerfahrungen dieses Lebens besonders stark verbunden sind.

- *Das Basiszentrum* ist der Bereich, wo die Energien des Geistes sich mit der dichtesten Form der Materie verbindet, wo sich das Leben und die Form begegnen. So ist dies das Zentrum der stärksten Dualität, wo sich sowohl die Lebensaufgaben, als auch die eigene Bereitschaft für die Annahme, bei jedem Neuanfang gegenüber stehen. Erst durch diese Annahme des «Weges», oder mit anderen Worten, des Schicksals, wird das freie Fliessen dieser Vital-Energien möglich, die «dieses Leben» in der Materie unterstützen möchten.

Dieses Zentrum wird auch mit dem uralten Symbol der zusammengerollten Schlange in Verbindung gebracht. Diese Schlange bedeutet die Aufgabe zur Wandlung, um von der Schlange der Materie, zur Schlange der Weisheit zu werden. Wandlung geschieht nur durch Veränderung und Wachstum. Darum führt zu den «Höhen» ein *einziger Weg*, der lange Weg der «Veredelung», und nicht jene Praktiken, bei denen versucht wird, die Kraft der Materie zu den höheren Zentren zu leiten.

Das Basiszentrum, am unteren Ende der Wirbelsäule, ist ein Zentrum des Willens. Die Wirbelsäule, als Hauptenergie-Verteiler, leitet die drei verschiedenen Energieströme, entsprechend unserer eigenen Strahlenzugehörigkeit, durch unseren Körper zu allen Zentren. So werden die physischen Zentren belebt, erweckt und zur entsprechenden Tätigkeit gebracht. *Die Synthese* zwischen den beeinflussenden Energien, und die Bereitschaft sie im bewussten Leben zu integrieren, *findet im Basiszentrum statt.*

Erst diese Bereitschaft und die damit verbundene Wandlung, verwandelt *langsam* die Schlange der Materie zur Schlange der Weisheit. Das sogenannte Emporsteigen bedeutet, dass das «bewusste Leben» sich auf immer weitere und höher liegende Ich-Bereiche ausdehnt, und jeder neue bewusste Schritt mit der Feuerkraft des Willens unterstützt wird. Durch das Erproben wandelt und verfeinert sich die Kraft des Willens und ebenso die Art, wie er eingesetzt wird. Die höhere Entsprechung des Basis-Zentrums ist die Zirbeldrüse.

- *Das Sakralzentrum* ist die mächtigste Ausdrucksform für das physische Kräfte-Dreieck im Körper. Die Zentren
  - Basiszentrum
  - Sakralzentrum
  - Solarplexus

stehen in einer engen Verbindung zueinander.

Als der Wille zum Leben,
als die Freude bei der schöpferischen Tätigkeit,
als die intelligente Entfaltung der Persönlichkeit.

Dieses Dreieck, ist die «dichteste» Entsprechung für die göttliche Dreiheit in unserem Körper.

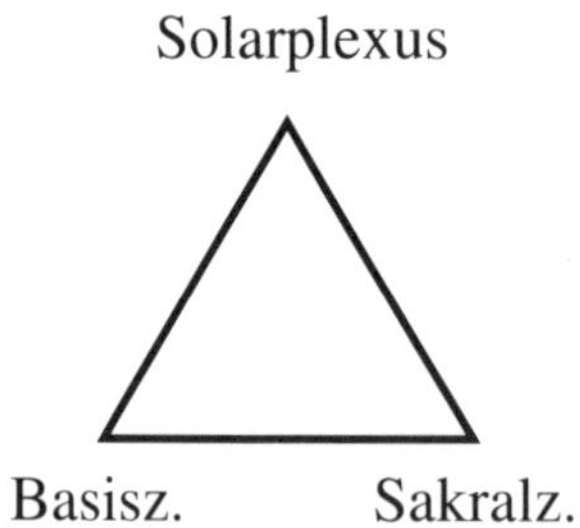

Die zum Leben erweckte Materie, die die Bereitschaft zum Wachsen in sich trägt.

Durch das Sakral-Zentrum fliessen die Kräfte des Unbewussten, das heisst des «Mitgebrachten», besonders stark. Deshalb wird es zu einem wichtigen Arbeits-Bereich für den Suchenden, damit er durch «aufhellende» Erkenntnisse seinen Emotionalkörper reinigt und dabei eine Veränderung im Wunschkörper einleitet. Die höhere Entsprechung zu diesen Energien ist das Kehlzentrum. Durch die Oeffnung und Entfaltung des Kehlzentrums entsteht die Möglichkeit grössere Dimensionen wahrzunehmen, um die noch vorhandenen, stark prägenden emotionalen Verbindungen zu den Erfahrungen der Vergangenheit, auflösen zu können.

- *Im Solarplexus* liegt die treibende Kraft für eine Persönlichkeit, die im sichtbaren äusseren Leben Erfolge erzielen möchte. Es ist ein Organ des Verlangens, das genährt wird von den Begierden des Sakralzentrums, wenn der Mensch noch vom unteren Dreieck beherrscht wird. Es ist auch unmittelbar mit der eigenen Astralebene verbunden, und dadurch gleichzeitig mit der Astralebene aller anderen Wesen.

Der Solarplexus liegt in der Mitte, von Basis- / Sakralzentrum, und Herz- / Kehlzentrum. Das heisst, in einem Trennungsbereich, zwischen den Bauch-Zentren und den Oberkörper-Zentren, zwischen den Organen, die das Leben durch Tätigkeit ermöglichen, und jenen Organen, die Qualität aufbauen.

Solange, bis die Synthese, das heisst die Zusammengehörigkeit beider Bereiche, nicht gelebt werden kann, ist es ein Zentrum mit der Neigung zur stark separatistischen Ich-Anschauungen. Der Weg der Wandlung ist hier der Weg vom Solarplexus zum Herzzentrum. Der Weg, der von den ICH-Prioritäten, zu den verstehenden WIR-Anschauungen führt. Wie nahe liegen in unserem Körper diese zwei Zentren, und doch ist der Weg, innerhalb dieser scheinbaren Nähe, ein langer Weg der Wandlung.

- *Das Herzzentrum* ist das Zentrum des Gruppenbewusstseins, ebenso, wie der Solarplexus das Zentrum für das Ich-Bewusstsein ist. Es ist ein Organ der Verschmelzung. Wenn seine Energien aktiviert werden, verändert sich unser Verständnis darüber, was wir Liebe nennen.

Wenn die Zeit für die Enfaltung dieses Zentrums für den Suchenden gekommen ist, dann ist er schon bereit für diese Bemühungen, die die Aktivierung des Seelen-Kontaktes bedeuten.

Denn, dem Stadium des Erkennens, folgt das Stadium der veränderten Lebensweise. Es wird der Beginn einer Zeit des Experimentierens sein, der auch entsprechend viele Schwierigkeiten und Leid verursachen kann. Aber auf diese Zeit folgt immer ein Stadium der Freiheit, wo das Leben, durch eine neue Synthese, wieder klar und «ein-fach» wird.

Eine bewusste Bereitschaft für die Verschmelzung der Persönlichkeit mit den Impulsen der Seele ermöglicht das Hereinfliessen höherer Energien, was wiederum die Verbindung des Herzzentrums mit den Zentren im Kopf aktiviert. Die wichtige Zeit, die eine Bewusstseinsverlagerung von der unteren Triade, die die Zentren der Persönlichkeit sind, zu den oberen Zentren, die die Energien der Seele empfangen und leiten, wird meistens von Lebens-Krisen begleitet.

- *Das Kehlzentrum* wird oft auch als Tor, oder als «Brücke» bezeichnet. Ein bewusster Umgang mit dem Themen des Sakralzentrums ermöglicht ein neues Erwachen in diesem Bereich, das dann fortan die schöpferische Kontrolle übernehmen kann. Denn ein erwachtes Kehlzentrum empfängt die Energien des Kopf-Zentrums, und arbeitet immer verantwortlicher mit den schöpferischen Impulsen.

Die Zeiten der Krisen, sind jene vorbereitenden Schritte, die durch das erwachende Bewusstsein,

das *Unbewusste* - Sakralzentrum
mit dem
Ueberbewussten - Ajnazentrum

verbinden, um viel Unverarbeitetes aus der Vergangenheit aufzulösen. Dadurch öffnet sich «das Tor» des Kehlzentrums immer weiter, und die höheren Energien können immer ungehinderter durch den Körper fliessen.

- *Das Ajnazentrum* ist mit den Energien der Seele verbunden. Ein erwachtes Ajnazentrum hat die Möglichkeit ein Ziel zu erschauen, eine Seelen-Absicht zu empfinden. Es lässt die Fähigkeit des Herzens mit der schöpferischen Kraft der Kehle verschmelzen.

- *Das Kopfzentrum* hat Verbindung zu den Ebenen des Geistes, wie das Ajna-Zentrum zur Ebene der Seele, und das Kehl-Zentrum zur physischen Ebene, also zum Körper. Diese drei Zentren sind die höheren Entsprechungen des unteren Kräfte-Dreiecks im Körper. Auch diese Dreiheit repräsentiert den Ausdruck der Ganzheit, also das Prinzip des Willens, des Empfindens und der Intelligenz.

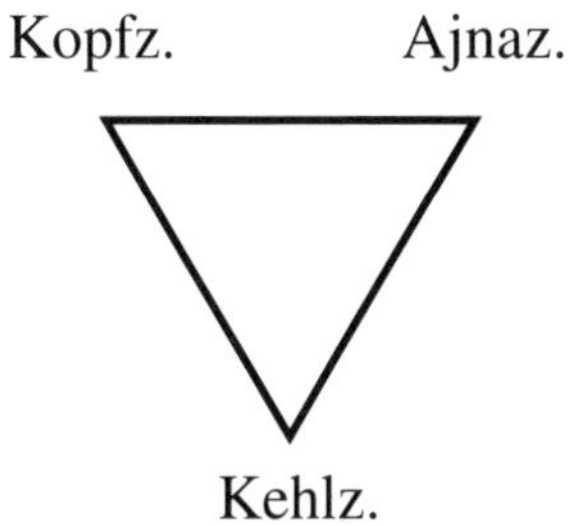

Der dreifältige Geist, der die Bereitschaft sich mit der Materie zu verbinden, in sich trägt.

Zusammenfassend ist also festzustellen:

Das Kopfzentrum	ist die höhere Entsprechung zum Basiszentrum,
das Ajna-Zentrum	ist die höhere Entsprechung zum Solarplexus,
das Kehlzentrum	ist die höhere Entsprechung des Sakralzentrums.

Beiden Energie-Dreiecke bilden eine Ganzheit von:

WILLE - EMPFINDUNG - AUSDRUCK.

Das bedeutet, dass der Bereich, auf welchem das Bewusstsein verankert ist, weitgehend das physische Leben bestimmt.

In den langen Phasen der Entfaltung wächst der Mensch anfänglich durch die stark beeinflussende Ströme eines

- kollektiven Bewusstseins, bis er daraus emporwachsend von seinem eigenen

- Unterbewussten, dominiert wird. Später erwacht sein
- Eigen- oder Selbstbewusstsein, aus welchem die Verbindung zu dem
- Ueberbewussten, oder dem höheren Bewusstsein entsteht.

Während unserer Entwicklung durchleben wir immer wieder die drei Phasen des Lernens:
- Die Zeiten, wo wir neue Gedanken als Theorie in uns integrieren.
- Die Zeiten, wo diese neuen Gedanken unsere Einstellungen und Reaktionen ändern, und wo die Zeiten des Lernens und Experimentierens viele leidvolle Erfahrungen bringen.
- Die Zeiten, in welchen der neue Mensch in uns geboren wird, wo der Kampf aufhört und das innere Gleichgewicht sich stabilisiert, und das Leben klar und «ein-fach» wird.

Jeder Weg und jede Erfahrung führt uns zu diesem grossen Ziel, wo durch ein vom Geist belebtes,

nach unten gerichtetes,
schöpferisches Dreieck
die vereinten Energien
des Kopfzentrums,

im Gleichgewicht
gehalten wird,
durch das

nach oben gerichtete,
empfangsbereite *Energie-Dreieck*
der vereinten Persönlichkeit.

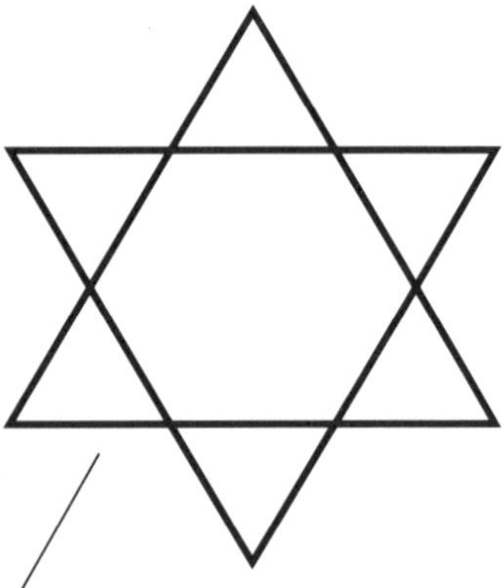

Die Persönlichkeit und ihre Strahlen

Das Wort «Persönlichkeit» bezieht sich auf den alten griechischen Ausdruck PERSONA, der auch Maske oder Gestalt bedeutet, eine Maske, die ein Schauspieler überzieht, um eine ROLLE zu gestalten.

Mit dieser Rolle, die wir als eine «Persönlichkeit» in einem Leben haben, können wir uns oftmals so stark identifizieren, dass wir diese Rollenidentifikation für unser «wirkliches» ICH halten. Deshalb finden die grössten Kämpfe des Lebens dann statt, wenn die Unterschiede zwischen dem *ICH als Seele* und dem *ICH der Persönlichkeit*, erkannt werden.

Die Persönlichkeit äussert sich im Leben durch einen dreifachen Mechanismus, das heisst durch:

- den physischen oder vitalen,
- den emotionalen oder astralen, und durch
- den denkenden oder mentalen Ich-Bereich.

Zwischen den einzelnen Bereichen fliesst ein ständiger Austausch der Energien und erzeugt das Energie- oder Vitalfeld, das die Funktionsfähigkeit der Persönlichkeit ermöglicht. Unser erstes grösseres Ziel im Laufe vieler Leben ist es, in diesen drei Teilen unseres manifesten Wesens, ein harmonisches Zusammenwirken zu erreichen, damit ein vollständiges und flexibles Instrument entsteht, durch welches die Seele sich dann Ausdruck verschaffen kann.

Die Persönlichkeit, in ihrer vielschichtigen Bauart, ist wie ein komplizierter Apparat. Aber die vorhandenen Fähigkeiten zur Differenzierung, die in dem Grundkonzept unserer Persönlichkeit ruhen, machen aus dem physischen Körper ein sehr brauchbares Instrument für die sich entfaltende Seele. Im Sinne dieses Prinzipes ist es auch kein Wunder, dass die beseelende Kraft so viele Jahrtausende braucht, um dieses Werkzeug, den Körper, einigermassen auszugleichen und in Gleichklang zu bringen.

Der lange Weg, bis zur wirklichen «Brauchbarkeit» eines beseelten Körpers, besteht aus ständigen Umpolungen. Ueber geraume Zeiten hinweg sind wir dadurch primär entweder denk- oder gefühlsbetont, oder wir betrachten den sichtbaren Erfolg als das Wichtigste in unserem Leben. Eine betont starke Ausrichtung eines bestimmten Teiles unseres Wesens, lässt aber diese Seite auch über die anderen Bereiche in uns dominieren. Weil unser Körper ja «nur» ein Reaktionsapparat ist, bestimmt somit auch sein *stärkster* Ich-Bereich *all* seine Reaktionen.

Auf welche Art wir den einen oder anderen Teil in uns einsetzen, wird von jener Energieart beeinflusst, die für die «Belebung dieses Bereiches in uns zuständig ist.

Eine interesante Anschauung ist die folgende Skizze, die unsere einzelnen Zentren, oder Ich-Bereiche, und ihre Verbindungen zu den anderen Reichen aufzeigt. Daraus wird ersichtlich, dass bestimmte Organe in unserem Körper, auch Entsprechungen zu den einzelnen Naturreichen aufweisen. Dies weist auch klar auf die lebensverändernden Wirkungen der Bewusstseins-Umpolungen hin, die ein langer suchender Weg hervorruft. Dadurch erscheint uns verständlich, dass die Zeiten der grossen inneren Aenderungen, auch mit vorübergehenden physischen Unstabilitäten verbunden sind. Welches Reich uns mit seinen Energien in diesem Prozess der Veränderung unterstützt, hängt dann von dem Bereich ab, in dem die Umpolung stattfindet.

Wir sehen hier die Beziehung der sieben Zentren des Menschen zu den vier Naturreichen. Durch diese Verbindungen tritt auch die Symbolik des menschlichen Körpers klarer hervor.

Die Beziehungen zu den vier Reichen.

Die Beziehungen zu den sieben Reichen.

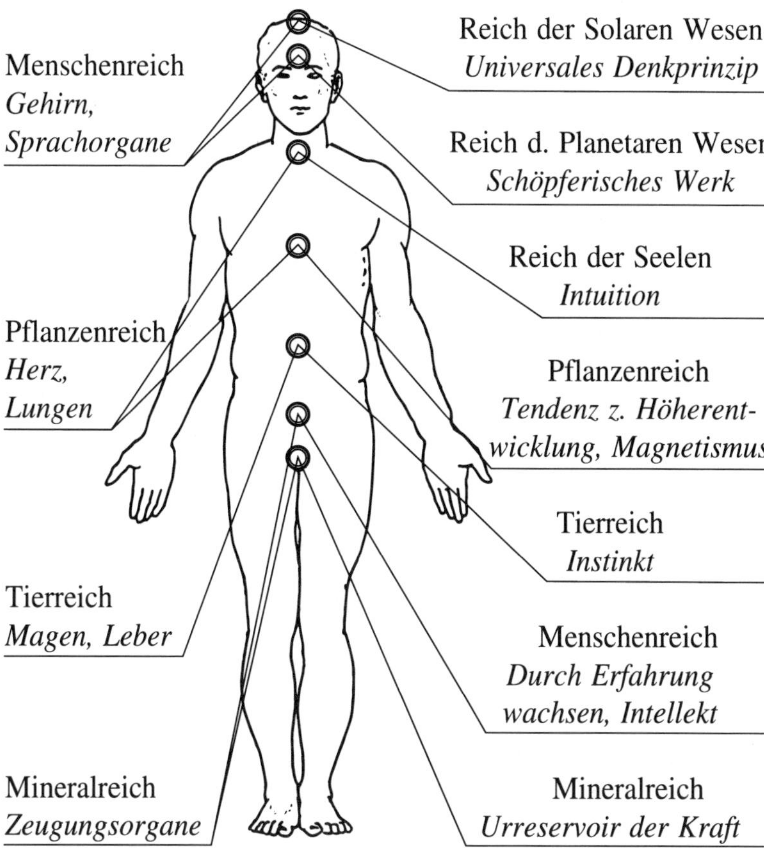

Diese Analogien zeigen nicht nur die enge Verbindung und die vermittelnden Aufgaben des Menschen zwischen den Reichen über und unter ihm, sondern auch die Resonanz-Fähigkeit seines Körpers. Erkenntlich wird hierdurch aber ebenso, dass die menschliche Evolution ein ununterbrochener Prozess der Veränderung dieser Position ist, die er zwischen den höheren drei und den unteren drei Reichen einnimmt. Denn unser Bewusstsein verändert sich dementsprechend, ob wir uns als den Höchsten der unteren Reiche, oder als den Kleinsten der oberen Reiche betrachten.

Die Strahlentypen, die unsere drei Teil-Persönlichkeiten beeinflussend beleben, ändern sich von Leben zu Leben. Sie stehen in engem Zusammenhang, nicht nur mit der vorgenommenen Entwicklungsrichtung eines Lebens, sondern sind auch genauso eng mit den mitgebrachten «Merkmalen» in uns verbunden. Denn, Leben für Leben bekommen wir einen, unserem nächsten Lernschritt entsprechenden, materiellen Körper. Dieser Körper bildet dann die Form der neuen Persönlichkeit, deren Grundkonzept sich aus bereits Erlebten zusammensetzt, und deren Weiterentfaltung deshalb mit den Möglichkeiten des Mitgebrachten eng verbunden ist. Das bedeutet:

Entwicklung vollzieht sich durch Veränderung.

«Veränderung» bedeutet die Bereitschaft, sich zu ver-ändern, also anders zu werden. Da aber dieses «Anderswerden» ein bewusster Prozess sein soll, um dadurch bewusst eine Aenderung bewirken zu können, ist der notwendige erste Schritt eines neuen Anfangs die Bewusstmachung dessen, *was* wir verändern möchten. Deswegen wählen wir unsere Zugehörigkeit in jedem neuen Leben nach den speziellen Genen einer bestimmten Familie in der wir uns inkarnieren, und erhalten damit einen solchen Körper, der besonders dort starke Merkmale aufweist, wo unsere wichtigste Entwicklungs- und Veränderungsthematik in diesem neuen Leben liegt. Denn jede einzelne familiäre Konstellation weist ganz besondere Stärken und ebensolche Schwächen auf. Eine bestimmte Zusammensetzung dieser beiden Komponenten ist häufig der Grund, weswegen wir, sogar durch mehrere Inkarnationen hindurch, immer wieder in die selbe Familie hineingeboren werden.

So kann dann entweder durch die Erziehung, oder durch das vorgelebte Beispiel der Familienmitglieder, ein von uns «mitgebrachtes» altes Muster verstärkt werden. Durch die Möglichkeit der Bewusstwerdung von Eigenschaften, und ihres Stellenwertes für uns, können wir mit den bewussten Veränderung unseres Wesens beginnen.

Die sogenannten Lebenskrisen, sind die eigentlichen Möglichkeiten der Veränderung, um dadurch alte, noch stark vorhandene Vorlieben oder mitgebrachte Bedürfnisse in uns, endlich loslassen zu können. Auf diese Weise unterstützt das «Schicksal» immer den Neubeginn. Wir sind solange nicht bewusst und mit voller Bereitschaft in eine neue Inkarnation eingestiegen, und dadurch mit unserer neuen Lernthematik verbunden, bis wir nicht bereit waren, uns *bewusst* zu verändern.

Darum treten wir zuerst *immer* in alte «Fusspuren», um später den Weg *bewusst* verändern zu können. Das Schicksal lässt uns spätestens bis um die Mitte unseres Lebens erkennen, dass es Zeit ist, den «Ruf» zu hören und in die «Richtung» *dieses Lebens* endlich einzusteigen.

Es ist klar, dass wir in unseren unbewussten Erinnerungen noch Bilder von ganz anderen Leben in uns tragen, von anderen Gewohnheiten, und vielleicht von anderen sozialen Stellungen. Wenn die Aenderung gross ist, haben wir oft Mühe mit dem, was das Leben jetzt von uns verlangt. So halten wir gerne unsere Erinnerungen als innere Bedürfnisse und Notwendigkeiten fest. Dadurch wird aber auch unser jetziger Körper mit alten Energieformen umhüllt, die eine den Körper belebende Kraft nicht mehr in sich tragen.

Dass diese Tatsache für das Leben Probleme entstehen lässt, ist nicht von der Hand zu weisen. Denn, wenn unsere Wünsche und Bedürfnisse noch so eng mit einem Muster aus einem vergangenen Leben verbunden sind, verschliessen wir uns für die «belebende» Kraft, die als Energie, unsere jetzigen Lebens-Themen beinhaltet. Die Folgen dieses «Energiemangels» im Körper sind vielfältig.

Wir erbauen für die Zielrichtung der Seele Tausende und Abertausende von Körpern. Leben für Leben entsteht die Möglichkeit der Verfeinerung, weil das Leben durch die Erfahrungen in der Polarität entsteht, und sich, durch diese Wiederspiegelung des Geistes in der Materie entfaltet.

Wir sind eine dreifache Persönlichkeit, mit unseren Eigenarten aus der Vergangenheit, die durch unsere unbewusste Seite wirken, mit den prägenden Energien einer Nation, der wir angehören, mit den formenden Energien der Zeit in der wir leben, und mit der «rufenden» Kraft unserer Seelenenergie. Dass viel Uebung, Zeit und Geduld notwendig ist, in diese Verschiedenheiten einen Gleichklang zu bringen, ist leicht vorstellbar.

Wenn wir die Probleme der Persönlichkeit dem Leben gegenüber studieren, lässt uns dies eigentlich das Leben von der Warte der Seele aus betrachten. Es ist ein Studium, durch welches wir all das, was wir bereits sind und das, was wir werden möchten, aus der Ebene der verkörperten Seele anschauen.

Durch diese Gedanken beschäftigen wir uns mit der Wesensart der Seele, die in «Zeit und Raum» ihre äussere Erscheinungsform, und dadurch ihre Qualität aufbaut. Wir lernen, durch die Psychologie der Seele auf eine neue Art, das Leben - unser Leben - zu verstehen. Jenes Leben, das neben dem Strahl unserer Seele, von vier Energie-Strahlen unterstützt wird, die unser Werden ständig beeinflussend, das Wachstum ermöglichen:

Von dem Strahl der Seele,
- dem Strahl der Persönlichkeit,
    - dem Strahl des Mentalen Bewusstseins,
    - dem Strahl des Emotionalen Bewusstseins,
    - dem Strahl des Physischen Bewusstseins.

Den Strahl, die «Lichtfarbe» unserer Seele zu erkennen, gehört zu einer «einweihenden» Erfahrung, die wie ein Kenntniserlangen über die Energie-Art und damit über die Zielrichtung unsere Seele ist. Aber die vier anderen Strahlenarten, diejenige der Persönlichkeit, und jene der drei Ich-Bereiche, können wir auch erspüren, wenn wir uns selbst mit aufmerksamer Ehrlichkeit begegnen. Ebenso kann unsere astrologische Geburtskonstellation helfende Hinweise über die durch uns strömenden Persönlichkeitsstrahlen bringen.

Der Energie-Strahl der Persönlichkeit beeinflusst unser «Auftreten». Er lässt uns auf eine bestimmte Art und Weise auf der Bühne des Lebens erscheinen. Für unsere Darstellung in einem Leben umschreibt er die «Rolle», die zu «spielende Aufgabe», die sogar als Energieform unsere Erscheinung prägt. Wenn dann unsere Art des Denkens, des Fühlens oder des Handelns nicht synchron zu dieser Rolle passt, wenn das, was wir sagen, oder das was wir tun, mit dem Bild der Erscheinung irgendwie nicht übereinstimmt, dann begegnen wir in der Welt den vielfälltigsten Unverständlichkeiten.

Die einzelnen Strahlen in unseren Ich-Bereichen ermöglichen es uns jene Erfahrungen zu erleben, durch welche wir in die «Ganzheit», das heisst, in die Koordination mit unseren jetzigen «Rollenthemen», immer bewusster eintreten können. Deshalb leben wir auch am Anfang unserer Leben oft noch die Schwächen eines Strahles, bis wir im Laufe des Lebens, dessen Stärken in uns entfaltet haben.

Die einzelnen Strahlen-Energien bekommen auch einen ganz anderen Ausdruck, wenn sie die Persönlichkeit als Ganzes beeinflussen, oder wenn sie die Denkart, oder die Ebene der Emotionen, oder unsere Taten prägen. Eine 1. Strahl-Persönlichkeit kann vielleicht als Jemand, der mutig und stark ist empfunden werden, aber wenn in seinen Ich-Bereichen die Strahlen 2 oder 6 vorhanden sind, ist er eigentlich eher gefühlsbetont und idealistisch. Oder, wenn auf der anderen Seite jemand zögernd und unentschlossen im Denkbereich und auch leicht berührbar durch die Gefühle ist, aber den 1. Strahl für den physischen Körper zur Verfügung hat, dann kann er, wenn es eine Situation verlangt, besonders diszipliniert und mit grossem Durchhaltevermögen, oder mit sehr viel Mut hervortreten.

Unsere ganz persönliche Note ist die spezielle Eigenart unserer Strahlen-Kombination. Es ist gut möglich, dass wir eine, in uns vorhandene Strahlenart schon aus vielen früheren Lebenserfahrungen kennen, aber es ist genauso möglich, dass die Aufgabenbereiche eines Strahles relativ neu für uns sind. Auf welcher Ebene wir eine bestimmte Energieart leben, hängt mit dem, was wir in dieser Richtung bereits erworben haben, zusammen. Was kann z.B. der «nächste Schritt» für eine 2. Strahl-Persönlichkeit bedeuten?: Entweder, das Lernen aus einer Gefühlskälte herauszukommen, oder, die bereits entfaltete Fähigkeit zur Liebe auf eine neue Art verstehen und leben zu lernen.

Es ist auch gut möglich, dass wir uns, durch den einen oder anderen Strahl, «reduziert» fühlen, besonders, wenn die Strahlen 2, 4 oder 6 uns prägen. Diese Strahlen sind nämlich mehr mit den Aufgaben des «inneren» Lebens verbunden, dadurch haben sie eher einen introvertierten Charakter. Wenn in uns noch unbewusste Erinnerungen der expansiven Möglichkeiten des 1. 3. oder 7. Strahles lebendig sind, dann fällt uns das *Neubewerten*, die Notwendigkeit, vermehrt die inneren Werte zu entfalten schwer. Auch im umgekehrten Fall können wir Widerstände in uns verspüren, wenn das Weitergehen nun von innen nach aussen führt, und das Leben, durch die primär aktiven Strahlen, bewusster berührt werden sollte.

Jedes neue Leben findet statt, um das, was aus vergangenen Leben vorhanden ist, mit neu errungenen Werten zu ergänzen. Wenn wir in unserem Leben das Gefühl haben, dass wir nur wie in einer «Ecke», wie nur in einem Teil von unserer Ganzheit leben können, dann zeigt das auf, dass die Umarbeitung gerade dieser Ecke in uns, ganz besonders wichtig ist. Oder wir erfahren, dass wir vielleicht nach langer Zeit der Stille «Hauptrollen» im Leben übernehmen sollen, um auch durch diesen Prozess des Lernens Erfahrungen zu sammeln.

Wir erleben so das Berühren und das Sich-berühren-lassen, das «Einatmen» und das «Ausatmen». Wir lernen hervorzutreten und zurückzutreten, Mut und Demut zu entfalten. Jede neue Erfahrungsbereitschaft bewirkt neue Qualitäten für die Ganzheit, für unser *ewiges* Ich.

Wenn wir die einzelnen Strahlen-Energien betrachten, dürfen wir nicht ausser acht lassen, dass immer

> *die bereits erarbeitete Qualität darüber entscheidet*
> *auf welche Art ein Strahl zum Ausdruck gebracht wird.*

- Der I. Strahl des Willens oder der Macht

Dieser Strahl, auch der Strahl der Kraft genannt, weist auf starke Willenskräfte, Entschlossenheit, Mut und auf die Fähigkeit zur Macht hin. Wenn jemand in seiner Konstellation die Energien des ersten Strahles aufweist, zeigt dies auf, dass das «Weitergehen» in diesem Leben entweder mit der *Entfaltung*, oder mit der Veränderung, der Qualitäten des Willens verbunden ist. Die anderen, begleitenden Strahlen können darüber aussagen, was diese *Veränderung* bewirken möchte.

Da der 1. Strahl weitgehend im Herrschen zum Ausdruck kommt, ist es nicht nur die Frage, ob diese Energien im «Sich-beherrschen» oder im «Andere-beherrschen-wollen» zum Ausdruck kommen, sondern es ist auch wichtig, auf welcher Evolutionsebene dieser Strahl gelebt wird. Die Energien des 1. Strahles können sehr destruktiv sein, wenn nicht bereits in früheren Leben erarbeitete Fähigkeiten der Liebe vorhanden sind. Winston Churchill ist ein gutes Beispiel, weil er ein ausgeprägter 1. Strahl Typus war, mit drei Einser-Strahlen in seiner Struktur. Seine mitgebrachten Qualitäten liessen ihn jedoch, diese Fähigkeiten zur Macht weise handhaben.

In den Zeiten, wo vieles sich verändert, wirken manche unter uns, die schon altes Wissen in sich tragen, und dadurch die Fähigkeit und die Bereitschaft mitbringen, das «Schwert der Ent-Scheidung» zu gebrauchen. Mit Wille und Mut, deren Neu-Entfaltung das Schicksal immer unterstützt, führt die Betreffenden der «Weg» zuerst nach innen, um dadurch gestärkt, ihre Qualitäten in der Welt einsetzen zu können.

Es ist wichtig, auch den Zerstörer-Aspekt dieses 1. Strahles zu erkennen und sich dessen bewusst zu werden, dass jede Zerstörung Platz für neue Formen schafft. Darum ist «Zerstörung», von der Ebene des höheren Bewusstseins aus, nicht unbedingt etwas Schlechtes. Aber es erscheint uns natürlich als solches, weil für uns, die wir in der Materie leben, die «Form» gewöhnlich den höchsten Wert darstellt.

Der 1. und 7. Strahl zusammen bewirken immer eine neue Synthese. Wobei auf diesem Weg als erstes die alten Formen aufgelöst werden müssen. So sind die Themen dieses Strahles im wesentlichen mit

dem bewussten Umgang des Willens

verbunden, damit wieder ein neuer Zyklus beginnen kann.

Viele Politiker haben den 1. Strahl in ihrer Konstellation. Auch England ist ein klares Beispiel für eine 1. Strahl-Persönlichkeit, indem dieser Strahl zuerst kämpft und erobert, bevor er dann die Fähigkeit entfaltet, mit seinen Energien vereinigend zu wirken.

Viele Eingeweihten hatten und haben den ersten Strahl, entweder als Seele oder als Persönlichkeit, denn sie brauchen diese Energien, wenn sie die Welt beeinflussen wollen. Sie brauchen Furchtlosigkeit, einen umfassenden Ueberblick und wenn nötig, Rücksichtslosigkeit, um ihre Arbeit zu tun.

Starke 1. Strahl-Besetzung hatten auch Heinrich der VIII., Fürst Metternich, Abraham Lincoln, Charles de Gaulle und Golda Meir, oder Juan Peron, nur um einige von den bekanntesten Staatsführern mit diesen Energien aufzuzählen. Bei den Reformatoren auf welchem Gebiet auch immer, werden die 1. Strahl-Energien mit den Strahlen 2-4-6, also den Strahlen der Liebe und des Idealismus erweitert.

Der Weg zu einem neuen Frieden, zu einem neuen Gleichgewicht, wird immer von den Strahlen 1-3-5-7 vorbereitet und unterstützt. Diese Energien arbeiten mit den Formen des Lebens. Sie ermöglichen das Erschaffen von Institutionen, von politischen und wirtschaftlichen Strukturen. Hat eine Form ihre Aufgabe erfüllt, dann wird sie zerstört, damit es für die nächste Platz gibt. Weil nur der erste Strahl wirklich furchtlos ist, ist sein Wirken bei Veränderung auf allen Ebenen stärker wahrnehmbar.

Die 1.-Strahl-Energien können unerbittlich, hart und grausam sein, wenn die Liebe, und ein Anteil von schon erreichter Weisheit, sie nicht begleiten. Andererseits, wenn die oben genannten Tugenden die Kraft des 1. Strahles ergänzen, können sie einen fähigen Heiler ergeben, der das «Himmelsreich auch mit Gewalt stürmen kann». Seine geistige Entfaltung führt ihn dann auf den Weg, wo er sich mit altem Wissen und okkulten Heilmethoden verbinden kann.

So beinhaltet dieser Strahl entweder die Fähigkeiten für den «geborenen» Menschenführer, oder aber den perfekten «Oberbefehlshaber».

Die Stärken:

Stärke, Mut, Beständigkeit, Wahrhaftigkeit, die absoluter Furchtlosigkeit entspringt, Willensstärke, Führungsqualität, Konzentrationsfähigkeit auf ein Ziel, Entscheidungsfähigkeit, visionärer Weitblick.

Die Schwächen:

Stolz, Ehrgeiz, Eigensinn, Härte, Arroganz, die Neigung andere zu beherrschen, Halsstarrigkeit, Zorn.

Die Lernthemen:

Feinfühligkeit, Demut, Mitgefühl, Toleranz, Geduld.

- Der II. Strahl der Liebe-Weisheit

Die unterstützende Kraft dieser Energien beruht nicht auf dem Willen, sondern in der *Fähigkeit zur Beharrlichkeit.* Die Kraft dieses Strahls ist, von seiner Wesensart her, dem *Inneren* zugewandt. Seine Aufgaben sind mit den *Qualitäten* des Lebens verbunden. Wenn ein Mensch stark von der 2-4-6

Linie beeinflusst ist, wird er eher eine introvertierte Person sein, die Mühe haben kann, mit dem äusseren Formleben fertig zu werden.

Ein 2. Strahl-Typ kann auch etwas von mehreren Seiten aus betrachten und ist fähig den Standpunkt eines jeden einzunehmen. Deshalb neigen 2. Strahl-Personen dazu, keine eigene Meinung zu haben. Sie sind oft unentschlossen, weil sie durch ihr Einfühlungsvermögen auch den Gesichtspunkt der anderen sehen können. Sind «mitgebrachte» Qualitäten aus vergangenen Inkarnationen vorhanden, können 2.-Strahler eine sehr empfängliche Wahrnehmungsfähigkeit haben. Wenn dazu auch die Intuition entfaltet wird, ist der Zugang zu den Seelenebenen leichter zu erarbeiten, als bei den Strahlen-Typen, die eher zu einem extrovertierten Verhalten tendieren.

Eine häufige Manifestationsart bei 2. Strahl-Inhabern stellen jene Menschen dar, die durch die starke Prägung dieses Strahles, sehr empfindlich reagieren auf das, was sie berührt. Wobei ihre Reaktion dann meistens in der Form von Angst auftritt. Die Angst entsteht oft durch die stark empfundenen Schwierigkeiten, eine Beziehung zur äusseren Welt finden zu können. Durch ihre Ueberempfindlichkeit bedeutet für sie jeder Schritt nach aussen eine enorme Anstrengung. Eine 2. Strahl-Persönlichkeit kann sehr darunter leiden, nicht wirkungsvoll auf der physischen Ebene tätig sein zu können. Vielleicht sind bei einer solchen Variante auch noch starke, mitgebrachte alte Wertvorstellungen vorhanden, sodass die aktive Berührung des Lebens viel wichtiger empfunden wird, als eine neue Erarbeitung dessen, was wir als den Weg zur Seele bezeichnen. So hat ein 2. Strahl-Person auch oft Mühe mit den Beziehungen, weil es ihr schwer fällt, *sich selbst* zu sein, da sie sich einfach selbst «vergessen» kann.

Was wird bei einer 2. Strahl-Beziehung unter dem Begriff *«Liebe»* verstanden? Diese Frage und die damit verbundenen Notwendigkeiten zur Veränderung beigleiten das Leben derer, die dieser Strahl beeinflusst. Viel Verblendung und Illusions-Möglichkeiten können sich bei dieser Energie sehr ähnlich ergeben, wie bei dem 6. Strahl, weil sowohl die 2. Strahl- als auch die 6. Strahl-Energie, sich extrem fanatisch ausdrücken kann.

Darum ist hier der Weg der Entfaltung *die Verbindung zur Mentalebene*, um zur Fähigkeit des Empfindes, die Fähigkeit des Denkens hinzufügen. Danach wird dieser Typus auch ein fähiger und guter Lehrer sein. Der 2. Strahl wird auch der Weisheitsstrahl genannt, da das Verlangen nach Wissen und Wahrheit für ihn charakteristisch ist. Mahatma Gandhi ist ein wunderbares Beispiel für die hohe Qualitäten des 2. Strahles. Die ergänzenden Möglichkeiten des 2. Strahles und der 1. Strahl-Energien manifestierten sich grossartig durch die Tätigkeiten von H. P. Blavatsky, A. A. Bailey und H. Roerich, die die okkulten Bücher für unsere Neuzeit schrieben.

Fehlt bei einer 2. Strahl-Person aber die Fähigkeit zur Liebe, so wird Kälte und Selbstsucht entstehen, und das vorhandene Wissen wird allein für Vorsicht und Argwohn verwendet.

Kraft und Liebe *zusammen* sind die Strahlen des Buddhas. Der Suchende auf diesem Strahl wird mit dem Erreichten niemals zufrieden sein. Die Gedanken werden sich stets auf das richten, was er noch nicht weiss. Darum ist der geistige Pfad für diesen Strahleninhaber mit dem Studium der Lehren der zeitlosen Weisheit verbunden. Er wird dann, wenn diese Eigenschaften in ihm vereinigt sind, ein guter und taktvoller Uebermittler von Gedanken werden, und die Fähigkeit in sich tragen, klar und überlegt zu planen und das Mögliche vorauszuahnen.

Die Stärken:
Gelassenheit, Stärke, Geduld und Ausdauer, Wahrheitsliebe, Treue, Intuition, klarer Verstand, heiteres Naturell, Takt.

Die Schwächen:
Gefühlskälte, Gleichgültigkeit gegen andere, bevorzugen eines passiven Lernens anstatt eines aktiven Lebens, Selbstsucht, Misstrauen.

Die Lernthemen:
Liebe, Mitgefühl, Selbstlosigkeit, Energie.

- Der III. Strahl der Denkkraft

Der 3. Strahl ist der Strahl unserer Erde, und deshalb der Strahl der Materie, der Form. In diesen Energien ist eine unterstützende Kraft, um das Leben, das sich durch die Form manifestiert, neu verstehen zu können. Dieses Bemühen wird durch alte, «mitgebrachte» Erfahrungswerte beeinflusst, die unsere Einstellungen zur Materie und damit zur Form prägen. Der 3. Strahl hat auch gewisse Aehnlichkeit mit dem 6. Strahl, weil für beide vor allem die Ich-Notwendigkeiten wichtige Leitgedanken darstellen. Der 6. Strahl ist für das, was er erhalten möchte opferbereit, also primär passiv. Der 3. Strahl dagegen ist bemüht, das zu erbauen oder zu erhalten, was für *ihn* wichtig, wo *er* der beschützte Mittelpunkt ist, also primär aktiv!

Diese Aktivität kann aber auch darin bestehen, alte bewährte Formen aufrechtzuerhalten, ob das überlieferte Gewohnheiten, schutzbietende Materie, oder einfach vertraute Denkformen sind. Der 3. Strahl kann mit viel Phantasie das verteidigen, was er behalten möchte.

Oft bewirkt dieser Strahl den ersten Schritt, um aus einem vormals eher gefühlsbetonten Leben kommend, das Denken zu entfalten. Die *Beweglichkeit der Denkkraft* ist hier die Zielrichtung. Aber gerade das kann viel Unsicherheit und Angst erzeugen, und eine Lernbereitschaft lange hinauszögern, wenn die Identifikation mit den mitgebrachten Idealen noch ausgesprochen stark vorhanden ist. Die unterstützenden Energien, für die Beweglichkeit der Gedanken, werden in ein ständiges Beschäftigtsein umgeleitet, in Notwendigkeiten des Bewegungsdranges, oder in Bedürfnisse des Sprechens. Darum kann dies der Strahl für einen aktiven Sportler, genauso wie für einen Politiker sein, da die Aufmerksamkeit nach aussen und nicht nach innen gerichtet ist. Eine Situation zu benützen statt sich ihr anzupassen, ist auch die typische Art von Frankreich, China und der Schweiz, die alle den 3. Strahl als Persönlichkeits-Strahl haben.

Wird der 3. Strahl mit dem 6. Strahl verbunden, die kreative Beweglichkeit mit dem Idealismus, kann sich eine ideale Kombination für Entdecker, wie Marco Polo und Christoph Kolumbus ergeben, oder diese Strahlenverbindung ermöglicht einen Dichter wie Molière.

Wenn die Denkkraft bereits entfaltet ist und die Beweglichkeit im aktiven Denken stattfindet, dann ist dies der Strahl des Philosophen und des Metaphysikers. Wenn die bildliche Vorstellungskraft sich bereits entwickelt hat, kann diese Energie, durch die Kraft der Imagination, die Essenz einer Wahrheit berühren. Die vereinten Energien des 3. und 5. Strahles erschaffen sowohl den genau berichtenden Historiker, als auch den grossen, zum abstrakten Denken fähigen Menschen der Wissenschaft.

Ein 3. Strahl-Inhaber kann entweder ein Idealist, ein Träumer, oder ein aktiver Theoretiker sein, dem Entscheidungen schwer fallen. Darum wird ihm, für die Verwirklichung seiner kreativen Ideen, ein praktisch orientierter Strahl begleiten, wenn das Ziel für ihn in der vorgenannten Richtung liegen sollte. Der geistige Pfad führt ihn als erstes aber *immer* in ein «Stehenbleiben», in eine Zeit der Stille. Solche Erfahrungen können dann zu tiefen Denkprozessen führen, wo das neu entfaltetes Wissen die *Wichtigkeit einer Veränderung* in den Vordergrund bringt.

In den helfenden Berufen kann die 3. Strahl-Person «Mittel» von Kräutern und Mineralien sinnvoll benützen, die dann jeweils die gleichen Strukturen wie die zu behandelnden Patienten aufweisen.

Die Stärken:
Grosszügige Ansichten über abstrakte Fragen, klarer Verstand, Aufrichtigkeit, Geduld, Vorsicht.

Die Schwächen:
Intellektueller Stolz, Kälte, Isolation, Ungenauigkeit, Zerstreutheit, Eigensinn, Selbstsucht, Kritik an anderen.

Die Lernthemen:
Mitgefühl, Toleranz, Hingabe, Genauigkeit, Energie.

- Der IV. Strahl der Harmonie durch Konflikt

Dieser Strahl ist mit den Kräften der Evolution eng verbunden. Hier unterstützen die Energien die Bereitschaft des Aufbrechens, damit das Leben weiter wachsen kann. Daraus entsteht ein Lernprozess des Akzeptierens, dass Gegensätze, dass Gegenüberliegendes - ob innerhalb oder ausserhalb von uns - zum Leben gehören. Eine bewusst erarbeitete Konfliktbereitschaft, ist die erlangte Fähigkeit, die durch Selbstkontrolle ein konstantes inneres Gleichgewicht halten kann. Gleichgewicht ist die Balance zwischen den sich bekämpfenden Kräften, zwischen zwei Sogrichtungen. Denn Konflikte lösen sich meistens nicht von selbst, und das «Wegschauen», um in einer scheinbaren Harmonie bleiben zu können, kann zu einem späteren Zeitpunkt Leid verursachen. Verständlich wird dadurch, warum heute die Menschheit global mit dem vierten Strahl ihren evolutionären Weg zu gehen lernt.

Der 4. Strahl steht in der Mitte zwischen den ersten drei und den folgenden drei Strahlen. Deshalb trägt er prinzipiell die Fähigkeit in sich, das *Darüber* und das *Darunter* miteinander zu verschmelzen. Er wird auch mit der Tätigkeit des Herzzentrums in Verbindung gebracht. Der 7. Strahl vereint in dem er erdet, der 4. Strahl lässt verschmelzen. Indien, ebenso wie Tibet, haben diesen «Strahl der Mitte» als Persönlichkeits-Strahl.

Es ist auch der Strahl des Künstlers, der durch die Fähigkeit, sich in eine «Ganzheit» einzufühlen oder hineindenken zu können, eins werden kann mit dem, was er verwirklichen möchte. Dieser Strahl vermittelt einen Impuls für die Empfindung von Schönheit, die dann durch eine Form zum Ausdruck gebracht werden möchte. Mozart war zum Beispiel ein personifizierter «Vierer», weil, sowohl seine Persönlichkeit, als auch sein Denken und Fühlen von diesen Energien beeinflusst waren. Aber auch Puccini, Schumann und Paganini waren mit starken Viert-Strahl-Energien verbunden, ebenso wie der Bildhauer Rodin und der Maler Modigliani, nur um einige zu nennen.

Viele Schriftsteller haben auch die Verbindung zum 4. Strahl. Bei einer 4. Strahl-Zugehörigkeit ist die Wahrscheinlichkeit gross, dass schon vorherige Leben mit der Denkentfaltung absolviert wurden, und dadurch mit der Konfrontation der Erneuerung im Denkbereich. Es ist auch ein Unterschied, ob die Persönlichkeit als Ganze diese Thematik des 4. Strahles hat, oder ob einer der drei Persönlichkeitsteile davon betroffen ist.

Einstein hatte in seinem Mentalkörper die Hilfe des 4. Strahles. Sein evolutionärer Stand und die Energien des 4. Strahles, die entfaltete Intuition, liessen ihn die «Schönheit» des Universums in der Materie wiederfinden.

Diesen Strahl nennt man auch den «Strahl des Ringens und Kämpfens», weil die Qualitäten von Tätigkeit und Untätigkeit so gleichmässig verteilt sein können, dass der Mensch oft zwischen diesen beiden Polen hin- und hergerissen wird. Die Neigung zur Zauderei, das «nicht an das Morgen denken», oder der Wunsch nach Ruhe, gehören genauso zu diesen Energien, wie die Ungeduld und der Drang nach Betätigung durch ein feuriges Temperament. Der 4. Strahl ist ebenso der Strahl für den mutigen Leichtsinn, für den risikofreudigen Spieler, der sich von Misserfolgen schnell erholt, wie für den Künstler, der die erlebbaren Weiten der Dimensionen, in Formen, Farben und Klängen wiedergeben kann. Er hat meistens einen eigenen Rhythmus und Mühe, sich in ein Alltagsleben einzupassen, darum gibt es relativ viele sogenannte «4. Strahl-Versager», von einem allgemeinen Gesichtspunkt aus betrachtet. Der 4. Strahl sucht immer seinen eigenen Weg, weil er seinen eigenen Rhythmus leben *muss*.

4. Strahl-Kinder bleiben oft in ihren Leistungen weit hinter ihren Fähigkeiten zurück, weil sie den auferlegten Zwang hassen. Eine 4. Strahl-Person kann ein guter Redner sein, oder sich am liebsten in Schweigen hüllen. So ist sie eine Person mit der zu leben einerseits eine Freude ist, und trotzdem nicht immer so leicht.

Der Weg der Entfaltung beginnt für die 4. Strahl-Person mit dem Erlernen der Selbstbeherrschung, um die inneren Kräfte ins Gleichgewicht zu bringen. Die Fähigkeit zur Intuition entsteht aus dem Vorhandensein eines Idealismus, für Schönheit und Harmonie in unserer Welt der Dualitäten. So sind die Schritte der Entfaltung mit der Auflösung dieser «Verblendung» verbunden, dass Gegensatzpaare nicht «gut oder böse» - «richtig oder falsch» bedeuten. Auf diese Weise wächst die 4. Strahl-Persönlichkeit aus der «Notwendigkeit des Kämpfens» heraus, und übt immer bewusster die «Schau» der Ganzheit. Die grosse Fähigkeit der magnetischen Ausstrahlung dieses Strahles kann erst *nach* dieser Weiterentwicklung entfaltet werden.

Die Stärken:

Starke Gefühle, körperlicher Mut, Grosszügigkeit, Hingabe, schnelle Auffassungsgabe, beweglicher Verstand.

Die Schwächen:

Egozentrisch, von Sorgen und Aerger geplagt, ungenau,

voller Leidenschaften, extravagant.

Die Lernthemen:

Fröhlichkeit, Vertrauen, Selbstbeherrschung, Selbstlosigkeit Genauigkeit, mentales und moralisches Gleichgewicht.

- Der V. Strahl der Verstandeskräfte

Der 5. Strahl ist die Energie, die Gedankenformen schafft. Er stimuliert das Denken der Menschen. Dieser Strahl, der seit ca. 100 Jahren viel stärker, als je zuvor auf diesem Planeten wirksam ist, ermöglichte die schnelle Entwicklung der Wissenschaft und der Technik in diesem Jahrhundert. Diese Energie beeinflusst auch die Entfaltung der Geisteswissenschaften, weil sie die Energien repräsentiert, die die göttliche «Idee» mit den menschlichen «Idealen» in Verbindung bringt. Aber sie ist nicht nur ein Verstärker für moderne Ideologien, sondern auch für jene «Ideale», die durch den Faschismus, Kommunismus, Sozialismus und andere ähnliche «-ismen» interpretiert werden.

Der 5. Strahl, der Strahl der Wissenschaft und Forschung, wird der Person, die von diesem Strahl beeinflusst ist, einen scharfen Verstand ermöglichen, der dann in Einzelheiten, genau und unermüdlich, alles auf seine Richtigkeit überprüfen wird. Das kann ihn natürlich, sich im Detailbereich verfangend, aufhalten. Er kann aber auch der geborene Ingenieur, oder der fähige Chirurg sein. Er ist ausserordentlich wahrheitsliebend und kann sehr klare Erklärungen über Tatsachen verfassen.

Der 5. und der 2. Strahl können - auf der Persönlichkeitsebene - sehr ähnliche Merkmale haben. Beide Typen sind eher zurückhaltend, und es ist für sie beide nicht leicht, Kontakte zu knüpfen. Der klare Unterschied zwischen diesen zwei Energiearten ist, dass der 2. Strahl leicht dominiert werden kann, wogegen der 5. Strahl sich nicht beeinflussen lässt, und ungern Befehle befolgt. Er trägt die Neigung in sich, alles zu analysieren und oft zu kritisch zu sein.

Wenn der Mentalkörper vom 5. Strahl durchströmt ist, wird der Inhaber extrem sensibel für alles sein, was mit dem Erkennen einer Wahrheit zu tun hat. Er durchforscht alle Winkel eines Problems und ist darauf bedacht, dass seine Gedanken auch den wissenschaftlichen Argumenten standhalten.

Die Qualitäten des 5. Strahles können einen «Suchenden auf dem Weg» stark durch das Erhellen der Verstandesebene unterstützen, weil das «Wirkliche» vor das «Unwirkliche» gestellt und erkannt wird. So manifestiert sich durch den 5. Strahl eine wichtige Hilfe, indem das Licht der Erkenntnis auf den Nebel der Verblendung fällt, und ihn dadurch auflöst. Jemand, der durch solche Erfahrungen schon bestimmte Qualitäten in sich trägt, kann mit Hilfe seiner 5. Strahl-Energien, erhellende Gedankenformen an die Mitmenschen vermitteln.

Der 5. Strahl unterstützt die folgerichtige Anwendung der erschaffenen Gedankenformen, ob in der klassischen Wissenschaft, in geistigen Lehren, oder in den überbetonten Gedanken des Materialismus. Die Frage lautet immer: Welches Ziel wird mit einer entfalteten Denkfähigkeit unterstützt? Denn die angestrebte Zielrichtung hängt mit den absorbierten Erkenntnissen der Vergangenheit zusammen. *Das, was bereits vorhanden ist, interpretiert immer das, was neu dazu kommt.*

Wenn der 5. und der 3. Strahl zusammenwirken, hilft der 5. Strahl die kreativen Ideen des 3. Strahles zu konkretisieren, wie dies z.B. beim Erfinder James Watt, oder bei dem Chemiker John Dalton der Fall war.

Der «suchende Pfad» verbindet die 5. Strahl-Person mit wissenschaftlichen Forschungen, und ihr Denken verändert sich stets durch die Resultate ihrer Erfahrungen.

Die Stärken.
Gerechtigkeit, Genauigkeit, Ausdauer, gesunder Menschenverstand, Aufrichtigkeit, Unabhängigkeit, scharfer Intellekt, Wahrheitsliebe.

Die Schwächen.
Unerbittliche Kritik, Engherzigkeit, Arroganz, Vorurteile, Unversöhnlichkeit, kein Mitgefühl und keine Ehrfurcht.

Die Lernthemen.
Ehrfurcht, Liebe, Offenheit, Hingabe.

- Der VI. Strahl der Hingabe

Dies ist der Strahl des Idealismus, und damit der Strahl der grossen Ideale, unabhängig davon, ob mit diesen Idealen nun Kathedralen, oder eine Wettbewerbs-Gesellschaft erbaut werden.

Jetzt, in unserer Zeit, hat diese Energie des 6. Strahles nicht mehr jene Kraft, die sie noch im 16. und 17. Jahrhundert hatte, in den Zeiten des Höhepunktes religiösen Fanatismus. Aber viele von uns tragen heute noch die Energien und die Erinnerungen eines idealisierten «Bildes» in sich, das durch die jetzigen Herausforderungen des 7. Strahles, - sich der Realität zu stellen -, Aufruhr und Konflikt hervorruft.

Eine 6. Strahl-Persönlichkeit wird sehr stark vom Wunschprinzip beherrscht. Diese Energien fliessen durch den Solarplexus. «6-Strahler» sind prinzipiell Individualisten und haben deswegen auch Mühe, sich in Gruppen zu integrieren, weil sie gerne in ihren *eigenen Realitätsvorstellungen* leben. Doch dieser Strahl repräsentiert eine wichtige Aufgabe, nämlich eine Idee zu erahnen und für neue Ideen empfänglich zu sein. Aber da diese Strahlenstruktur oft eher diejenige eines unpraktischen Idealisten ist, kann einem 6.-Strahler ein zusätzlicher 1. oder 7. Strahl helfen, seine Fähigkeiten in zweckdienliche und brauchbare Bereiche hineinfliessen zu lassen.

Die Energien des 6. Strahles vermitteln eine starke Empfindungsfähigkeit, und so nimmt diese Person *nichts gleichmütig* auf. Der Strahleninhaber hat zwar grundlegend eine sanfte Natur, kann aber trotzdem schnell in Wut und zornige Erregung geraten. *Fanatismus* ist eng mit diesem Strahl verbunden. So wird für ihn etwas sehr schnell «vollkommen» oder «unerträglich», «Freund» oder «Feind». Das Absolute wird gesucht, und so ist er ebenso der Strahl der Heiligen und Märtyrer, wie jener, des fanatischen Kriegers.

Die Gefühle beherrschen oft extrem stark die Persönlichkeit durch den 6. Strahl, und sie lässt sich gerne von ihren Empfindungen davon tragen. Gesucht wird immer das «Höchste» aber es besteht Angst vor den «Tiefen». Ein 6. Strahl-Mensch lebt mit all seinen Emotionen stark in diesen polaren Gegensätzen, und er hat grosse Mühe mit dem «Weg der Mitte». Die begleitenden aktiven Strahlen (1.3.5.7.) können bei diesem Strahl helfen zu erkennen, dass «oben» und «unten» *zusammen* die Ganzheit bilden.

Denn der 6. Strahl trägt das Potenzial in sich, ein «Heiliger», also einer der «heil» ist, der die «Ganzheit» in sich trägt, zu werden. Er hat die grössten Fähigkeiten, sich für etwas zu opfern, sich für eine Idee, für ein Ziel, ganz hinzugeben. So führt ihn sein evolutionärer Weg zur Neuinterpretation dessen, was seine Ideale sind. Das Thema für ihn lautet:

«Was ist das, wofür ich bereit bin, *auch unter Opfern*, mich total einzusetzen?»

So ebnet in unseren Tagen - den 6. Strahl ablösend - der 7. Strahl den Weg der Wandlung. Denn die Suche des Absoluten wird relativiert mit diesen Möglichkeiten, die die Aufgaben im Hier und Jetzt beinhalten. Doch die Reaktionen auf die Energien des 6. Strahles ändern sich nur langsam.

Die Märtyrer der Vergangenheit trugen in ihren Persönlichkeits-Strahlen fast ausschliesslich die 6. Strahl-Energien. Pythagoras hatte auch die Fähigkeit des 5. Strahles, als Ergänzung zu seiner 6. Strahl-Persönlichkeit. Auch Franz von Assisi gehörte zu den 6. Strahl-Personen, und der 3. Strahl, die kreative Kraft der Erde, unterstützte seine Gründerarbeit.

Die Stärken:

Zielstrebigkeit, Liebe, Zärtlichkeit, Intuition, Treue, Hingabe, Loyalität, Idealismus.

Die Schwächen:
Eifersucht, Unselbstständigkeit, Leichtgläubigkeit, Zorn, Vorurteile, Misstrauen, Fanatismus, Aberglaube.

Die Lernthemen:
Charakterstärke, Wahrheitsliebe, Toleranz, Heiterkeit, inneres Gleichgewicht, gesunder Menschenverstand.

- Der VII. Strahl der zeremoniellen Ordnung

Dies ist der Strahl sowohl des «Hohenpriesters» - des okkulten Lehrers -, als auch des «Zeremonienmeisters» oder - des Managers -, entsprechend dem, was zusammengeführt und in eine ganzheitliche Form gebracht werden soll.

Jeder Strahl hat eine höhere und eine niedere Ausdrucksweise. Der höhere Ausdruck des 7. Strahles ist *weisse Magie*, weil Magie ein Teil einer rituellen Ordnung ist. Der niedere Ausdruck ist der *Spiritismus*, mit all seinen Aspekten. Die Zunahme für das Interesse am Aussersinnlichen und die Bereitschaft, die ätherischen Bereiche zu erforschen, ist auch auf den Einfluss des 7.Strahles zurückzuführen.

Der 7. Strahl vermittelt eine Empfindung für den Rhytmus der «Zeit». So kann er auch alten Idealen immer wieder einen neuen Impuls geben, oder innere Bilder in der Welt verwirklichen, indem er ihnen eine neue, mögliche Form verleiht. Er lässt erkennen, dass die Einstellung zum Begriff «Zeit» einer Veränderung bedarf und hilft die Ideen zu strukturieren, die eine Neuanschauung ermöglichen. Er belebt alte Rituale, die

Energie herbeirufen, und dadurch Transformationsprozesse einleiten, die neue Strukturen schaffen, indem sie die alten verändern. Die Funktion des 7. Strahles ist es, ein Ideal zu verwirklichen, Geist und Materie, Sichtbares und Unsichtbares, Altes und Neues, Nah und Fern zusammenzubringen.

Eine 7. Strahl-Person kann auch stark mit ihrem eigenen Rhythmus, mit ihrer eigenen «Ordnung» verbunden sein. Die Mineralien, in ihren festen wie organisierten Formen, sind auch ein klarer Ausdruck der siebten Energie, in ihrer ersichtlichen Standfestigkeit und Durchhaltekraft. Der 3. Strahl, der «Arbeiter mit den Formen» ergänzt sehr wirksam die Tätigkeit des 7. Strahles. Wenn die Strahlen 7 und 4 sich verbinden, kann ein Verlangen für die höchste «Schönheit», die höchste Form einer Ordnung, oder ein unwiderstehliches Interesse für die Gesetze des Geistes, vermittelt werden.

Der 7. Strahl-Inhaber kann Strukturen schaffen, durch welche Empfindungen fliessen können, ob es sich dabei um Kunst, Architektur, oder um formulierte Gedanken handelt. Aber jede hohe Manifestationsform einer Energie bedingt die entsprechende «Vorarbeit». Als unentwickelte Ausdrucksweise gehört jegliches Sektierertum zu diesem Strahl.

Der 7. Strahl schafft aber auch Diktaturen, das heisst eine organisierte Ordnung, die von oben diktiert wird. Dieser Strahl ist oft ein gutes Werkzeug für die Aktivitäten des 1. Strahles, in all seinen Aspekten. Der erste Strahl ist primär dynamisch, kann aber in seinen Aktivitäten auch oft noch recht konservativ sein. Diese Energieform manifestiert sich klar in der ägyptischen Kunst, die sich in Tausenden von Jahren nicht wesentlich verändert hatte.

Aber das ägyptische Volk repräsentierte gleichzeitig in der Antike, die höchste Form der 7. Strahl-Magie. Wenn mit der Hilfe der kommenden 7. Strahl-Energien, die Welt wieder zu einem höheren Bewusstsein erwacht und dazu auch bereit ist, können die alten Mysterienschulen neu eröffnet werden, um durch die Rituale der alten Magie, die Magie einer kommenden Zeit entstehen zu lassen.

Auch die meisten erfolgreichen Finanziers dieser Welt sind 7. Strahl-Personen, als organisatorische Genies. Ein 7. Strahl-Mensch liebt auch alte Bräuche und Rituale, oder dann im anderen Fall Prozessionen, Truppenparaden und Stammbäume. Er ist entweder sehr abergläubisch, oder, durch die Zulassung der Intuition, entschlossen das «Erschaute» in sein Leben zu integrieren. Auf dem «suchenden Pfad» wird er alten Gesetzen und deren Riten begegnen, und das Leben unterstützende Energien in den Naturreichen erkennen.

Die Stärken

Stärke, Ausdauer, Mut, Höflichkeit, Selbstvertrauen, Kreativität, Organisationsgabe.

Die Schwächen

Förmlichkeit, Blindgläubigkeit, Stolz, Engherzigkeit, eine zu hohe Meinung von sich selbst, Arroganz, Aberglaube.

Die Lernthemen:

Erkennen der Einheit, geistige Offenheit, Toleranz, Demut, Güte, Liebe, Bescheidenheit.

Ein Strahl beeinflusst immer beide Seiten, das heisst die Stärken und die Schwächen unseres Wesens und setzt uns entweder Grenzen, oder gibt uns spezielle Fähigkeiten. Bestimmte Eigenschaften sind für den einen Strahlentyp recht mühelos zu erreichen, für den anderen nur sehr schwierig zu erringen.

Die Persönlichkeit wechselt in den verschiedenen Inkarnationen, von einem Strahl zum anderen, bis alle Fähigkeiten entfaltet sind. Auf diese Weise bestimmt jeweils ein Energie-Strahl die Art der *Gefühlsnatur*, ein anderer gibt dem *Verstand* seine Prägung, und ein dritter verleiht durch seine Energie eine charakteristische *Körperkonstitution*.

Die Strahlen 1, 3, 7,
: sind mit dem Gesetz verbunden, die das Leben in allen Formen steuert. Durch sie strömen *bewirkende Energien* des Lebens.

Die Strahlen 2, 4, 6,
: sind mit dem inneren Leben verbunden, mit der *Entfaltung* der von der Form verhüllten *Qualität*.

Der Strahl 5,
: ist das Bindeglied, der Intelligenz, das sich entfaltende *intelligente Verstehen*.

DIE DREI TORE DES WERDENS

Die Involution und die Einswerdung mit der Materie, die Erfahrungen in den polaren Gegensätzen, bilden das

Tor der Erfahrung

Erfahrung bringt Wissen, das den Sinn, und auch ein Ziel erkennen lässt, und führt zu dem

Tor der Erkenntnis.

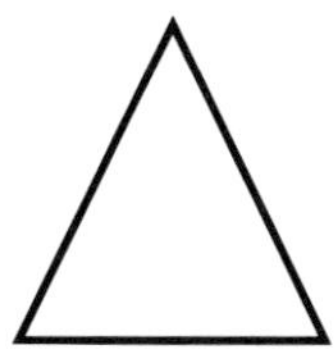

Jede Erkenntnis ermöglicht eine neue Art der Verschmelzung, führt zu einer neuen Form der Integration, in die alles umhüllende Ganzheit durch das

Tor der Einswerdung.

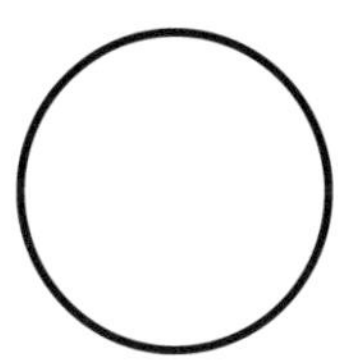

Und nach jeder Einswerdung, nach jeder «Heimkehr», zieht uns der Sog der Evolution in eine neue Erfahrung hinaus, damit auf der grossen Spirale des Werdens, jede neue EINSWERDUNG, ein immer strahlenderes Licht erzeugt.

Die Seele und ihre Strahlenzugehörigkeit

Die Seele ist Licht in Entfaltung und bereit durch Erfahrungen zu gehen. Indem das Licht sich mit dem Dichtstofflichen vermischt, entsteht die Vielfalt von Formen, Farben und Tönen. Die Seele strahlt durch das, was sie belebt. Wenn die Durchlässigkeit der Materie und ihre Strahlungsfähigkeit zunimmt, leuchten die Farben auf, die Form scheint transparent zu werden, und alles ist wie von einem harmonischen Gleichklang umhüllt.

Jeder einzelne «Licht-Strahl» hat nicht nur eine ganz spezielle Energieart, sondern leuchtet auch in einer bestimmten Farbe und erzeugt durch die ihm eigene Vibration, einen entsprechenden Klang.

Die Farbenzuordnung zu den einzelnen Strahlen:

1. Strahl, Wille = rot,
2. Strahl, Liebe = blau,
3. Strahl, Intelligenz = gelb,
4. Strahl, Harmonie = grün,
5. Strahl, Wissen = indigo,
6. Strahl, Hingabe = orange,
7. Strahl, Organisation = violett/weiss

Jedes manifestierte Leben ist Schwingung, welches Energien aussendet. Aus diesem Grund strahlt auch jeder Mensch eine bestimmte Farbe und einen bestimmten Klang aus. Das, was wir «senden», ist geprägt von dem Strahl, der uns am stärksten beeinflusst und belebt. Aber auch die anderen Strahlen sind ihrem Anteil entsprechend, in unseren Leben wirksam und wahrnehmbar. So gibt es unendlich viele Variationen und Kombinationen, die wir Menschen, als Farbtöne und Klänge, durch unsere Ausstrahlung verbreiten.

Ein physischer Körper besitzt auch die Fähigkeit auf Klang und Farbe zu reagieren. Darum ist es nicht verwunderlich, dass in unserer Zeit, in der die Bewusstwerdung der Seele klarere Formen annimmt, auch die alten Heil-Methoden, durch die Farben des Lichtes und die Schwingungen des Klanges, wieder zunehmen. Auch bei wohltuenden Gesprächen hat der «Klang» der Worte, einen wesentlichen Anteil an der Wirkung, die eine Veränderung ermöglichen.

Eine inkarnierte Seele, als Mensch auf dem Erfahrungsweg in der Materie, wird durch lange Zeiten von jenem Strahl beherrscht, der ihren physischen Körper beeinflusst. Später dominiert der Strahl des Gefühlskörpers, bis dann die Strahl-Energien des Mentalkörpers auch wirksam werden. Wenn dann alle drei Ebenen gemeinsam das Strahlen-Vorhaben der Persönlichkeit unterstützen, *beginnt* die Möglichkeit für den Seelenstrahl, durch die nun integrierte Ganzheit, auch am Leben teilzunehmen.

Aber diese Zeiten, wo eine gereifte, zur Einheit verschmolzene Persönlichkeit bereit ist, die «Herrschaft» und damit die Führung der Seele zu übergeben, werden von grossen inneren Kämpfen begleitet.

In der Bhagavad Gita wird es so formuliert:

> ... «man steht auf dem Kampfplatz, in der Mitte des Weges, zwischen den beiden gegensätzlichen Streitkräften, und der Rauch des Schlachtfeldes nimmt die klare Sicht.»

Ueber diesen dauernden Kampf, zwischen der Seele und der Persönlichkeit, wurde schon viel gelehrt. Meistens geschah das durch die Sprache der Mystik oder einer Religion, aber als eine Auseinandersetzung zwischen den Polaritäten von «Reinheit» und «Unreinheit».

Die VEREINIGUNG von SEELE und PERSÖNLICHKEIT vollzieht sich im Körper zwischen den zwei KOPFZENTREN. Aber erst

- wenn die einsgewordene *Persönlichkeit*, das heisst die unteren drei Zentren und das Herz- und Kehlzentrum, sich im *Ajnazentrum* bereits zentrieren können, und
- wenn durch Meditationen, Dienst und geistiges Wachstum das *Kronenzentrum* erweckt wurde, und dadurch die *empfangsbereite Seele* schon wirkt,

kann eine Einswerdung der zwei stärksten «Kraftwirbel» entstehen, und somit ein ZUSAMMENSCHLUSS zwischen

dem Kronnenzentrum, als dem maskulinen Prinzip des Geistes
und
dem Ajnazentrum, als dem weiblichen Prinzip der Materie.

Diese Vereinigung nennen die alten Schriften die «mystische Hochzeit», wo «Vater-Geist und Mutter-Materie eins werden, und in diesem aufleuchtenden Licht der Geist Christi erneut geboren werden kann.» A. A. Bailey.

Wir haben die Möglichkeit, im Leben auf drei verschiedene Arten «Vereinigung» zu erfahren.

- In der physischen *Verbindung* mit dem Partner, was das Aufrechterhalten der menschliche Rasse ermöglicht.

- In der *Vereinigung* der Energien der unteren Zentren mit den höheren, was zur schöpferischen Tätigkeit führt.

- In der *Einswerdung* der Energien der Persönlichkeit mit den Energien der Seele, was die verstärkte Fähigkeit zur Liebe als Folge hat, um durch das Herzzentrum mit dem wärmenden Licht der Liebe die Welt zu berühren.

Somit wird deutlich erkennbar, dass die Zeiten für die «mystische Verwirklichung», den ersten Teil unseres Weges prägen, wo die «Zweiheit», also das Gegenüber von Seele und Persönlichkeit, und dadurch von Licht und Schatten, von Gut und Böse, noch stark betont werden. Erst in der Folge gelangen wir zu den «erhellenden Gedanken» des okkulten (verborgenen) Wissens, welches durch seine Kraft der Verschmelzung, uns höhere Bewusstseinsebenen berühren lässt.

Wachstum und Entfaltung sind immer ein Emporsteigen aus der Ebene der «Dichte» in einen zunehmend durchlässigeren und feinstofflicheren Bereich.

Vor allem unser Gehirn ist für die Seele ein wichtiger Vermittler der Impulse, die von dort aus durch den ganzen physischen «Apparat» fliessen können. Alle sieben Sinne des Menschen sind engstens mit einer wichtigen vermittelnden Tätigkeit verbunden. Somit gehört unsere bewusste Sinnesentfaltung zu einer wichtigen Vorbereitung, damit sie einst, mit ihren erhöhten Fähigkeiten, aus immer feinstofflicheren Bereichen uns Impulse weiterleiten kann.

Unsere sieben Sinne sind wie kleine Spiegelbilder der grossen Energien der sieben Lichtstrahlen. Ihre Fähigkeiten sind die Verbindungstüre zwischen der materiellen und der spirituellen Welt. Im Gehirn ist die Zentrale für die Steuerung dieser wichtigen Sensoren des Körpers. Die uns prägenden Strahlen beeinflussen die Entfaltung einzelner Sinnesbereiche, entsprechend ihrer Zugehörigkeit.

Die Verbindung zwischen unseren Sinnen und den sieben Strahlen:

- Das «Gehör», das den Ruf wahrnimmt = 7. Strahl,
- Das «Empfinden», das beeinflussend lenkt = 1. Strahl,
- Das «Sehen» ist für die Vision des Lichtes = 3. Strahl,
- Der «Geschmack» für eine ideale Schönheit = 6. Strahl,
- Der «Geruch» für den Weg zur Vollkommenheit = 4. Strahl,
- Der «Verstand» für das Gewahrwerden Gottes = 5. Strahl,
- Die «Intuition» für die Einsicht der Wahrheit = 2. Strahl.

Der Strahl, der uns am stärksten beeinflusst, wird auch diesen Sinnesbereich am stärksten zur Entfaltung bringen, zu welchem er in einer direkten Verbindung steht.

Wir lernen so, zwischen den verschiedenen Kräften und ihren Richtungen in uns zu unterscheiden, und durch unsere erwachenden Sinne, die Bestimmung unserer Seele immer klarer wahrzunehmen. Mit zunehmender Entwicklung entfalten wir Fähigkeiten wie: Ausgewogenheit, Leidenschaftslosigkeit, innere Gelassenheit, Selbstlosigkeit, Offenheit, Intelligenz und Liebe.

Das Bewusstsein zur Verantwortung ist eines der hervorstechendsten Eigenschaften der Seele. So wird ein seelenerwachter Mensch auch immer bewusster mit seiner «geistigen Verantwortung» verbunden, wobei er, zwischen der Illusion und dem, was sich hinter ihr verbirgt zu unterscheiden lernt. Er übt die Unterscheidungsfähigkeit, die die Fähigkeit des Verstandes ist, um sich zwischen unterschiedlichen «Qualitäten» entscheiden zu können.

Als Seele richten wir unsere Aufmerksamkeit vermehrt nach innen, um neu zu werten und neu zu verstehen. Das hat zur Folge, dass die intuitiven Fähigkeiten zunehmen, die dabei das rein intellektuelle Denken nach und nach, langsam ablösen. Grosse Menschheitslehrer sind auch ständig bemüht, die erwachten Seelen zu berühren, um ihre Denkentfaltung zu beeinflussen. Dies alles lässt eine höhere Vibration des Energiefeldes des Menschen entstehen, was dann wiederum zu einer immer bewussteren Verbindung mit seinem geistigen Meister führt.

Alle Seelen gehören - ihrer Wesensart nach - zu einem bestimmten «energetischen Feld», zu einer Gruppe, mit den gleichen Zielvorhaben ihrer Entwicklung. Spirituell ausgedrückt heisst das: Seelen derselben Strahlen-Art gehören zu derselben grossen geistigen Gemeinschaft (Seelen-Gruppe), und ihrer Entwicklung entsprechend, zu demselben Ashram, der von jenem Meister geführt wird, der auf ihrem Seelen-Strahl wirkt. Die Seele verändert ihre Strahlenzugehörigkeit nicht, und die Wahrnehmung oder «Begegnung» eines geistigen Meisters, lässt auch die Strahlen-Art der eigenen Seele erkennen.

Auch durch die Geschehnissen des Alltags ergibt sich oft ein Gefühl der Zusammengehörigkeit zu Menschen, die zu derselben Seelen-Gruppe gehören. Dies muss nicht in einer Form von «Partnerschaft» geschehen, denn die Seele gehört nicht zu der, in polare Gegensätze aufgeteilten Materie, mit unterschiedlichen Geschlechtern, sondern in Form eines Menschen, der innerlich gleich «klingt» wie wir. Es ist dann wie ein «Sich-selbst-im-anderen-erkennen», wo auch der Weg der Entfaltung dieselbe Zielrichtung hat. Solche Begegnungen ereignen sich besonders an wichtigen Passagen des Lebens. Durch die gleichen Schwingungsfrequenzen, die zwei Menschen verbindet, kann dann gegenseitig *das* vermittelt werden, oder *das* entstehen, was als Erfahrung wichtig ist.

Der Geist, der die Seele hervorbringt, ist immer in einem der drei Hauptstrahlen verankert. Das heisst, dass sein grösster Wirkungsbereich entweder mit der Kraft, mit der Liebe, oder mit den intelligenzvermittelnden Impulsen verbunden ist.

Die Seelen, durch welche der Geist wirkt, teilen sich aber auf alle Erfahrungsbereiche des Lebens, auf alle sieben Ebenen des Lichtes auf.

Erst in einem sehr weit fortgeschrittenem Stadium verschmelzen die Seelen sich selbst mit einem der drei grossen Haupt-Strahlen des Geistes.

«Der Mensch, als ein Ebenbild Gottes, ist selbst ein siebenfaches Wesen und fähig für sieben Bewusstseinsarten, die den sieben Prinzipien oder Grundqualitäten, entsprechen. Sie lassen ihn die sieben Ebenen erkennen, auf denen er immer bewusster lebt, und er trägt in all den Stadien seiner Existenz eine siebenfache Natur in sich. Sein Ziel ist der bewusste Umgang mit all den Ebenen, auch wenn seine Eigenart ein immer speziellerer Teil des Ganzen wird.» A .A . Bailey

DIE EVOLUTION UND DIE STRAHLEN

MANIPURA-CAKRA / Nabel-Zentrum

Die Evolution und die Ebenen der Erfahrungen

«Der Mensch trägt das Wissen über die Zusammengehörigkeit zwischen GOTT und ihm tief in seiner unbewussten Seele.»

A. A. Bailey

Dieses innere Wissen ist die Grundlage für die Bereitschaft zu Erfahrungen. Erfahrung ist der Ausgangspunkt und der vorbereitende Prozess für eine neue Sichtweise, für ein neues «Bewusst-Sein». Erfahrung, Veränderung, Wachstum sind die Bausteine der EVOLUTION. Evolution ist mit anderen Worten:

Entfaltung des Lichtes in ZEIT und RAUM.

Wir können diese zwei Begriffe ZEIT und RAUM auch als unsere überkreuzten Lebens-Achsen sehen, d.h. als Lebens-Kreuz, worauf das manifestierte, «sichtbargewordene» Leben Erfahrungen sammelt.

Den RAUM erkennen wir dargestellt in der horizontalen Achse, wo er, durch die Entfaltung des Wissens, sich ständig in einem grösseren Ausmass erfahren lässt, und wodurch das, was erkennbar und berührbar wird, sich kontinuierlich erweitert und ausdehnt.

Die vertikale ZEIT-Achse, als beeinflussender Faktor, wirkt auf die Raum-Erlebnis-Achse ein. Die Zeit-Achse ist identisch mit einem Steuerungs-Prinzip, das die Raum-Erfahrung beeinflusst. Das heisst, dass die ZEIT immer wieder korrigierend die Erfahrungsmöglichkeiten im RAUM umwandelt.

Die zusammenwirkenden Energien beider Achsen können wir uns durch die Begriffe der SEINS-Achse in der Vertikalen, und der HABEN-Achse in der Horizontalen, vorstellen. Dadurch wird verständlich, dass Raum - Haben, und Zeit - Sein, jeweils in einer engen Verbindung zueinander stehen.

Beim Beginn jedes neuen Zyklus der Evolution, an dem jeweils die Zeitachse einen neuen Impuls erfährt, ist die dadurch entstandene Veränderung für die Raumachse eine natürliche Folgeerscheinung. Das Wesentliche einer neuen Zeit-Periode ist eine sich entfaltende neue QUALITAET des SEINS.

Ein veränderndер Zeit-Impuls berührt dadurch die vorhandenen

- *Vorstellungen*, betreffend des Begriffs «RAUM»,
- *Wertungen* dessen, was wir «HABEN»,
- *Kentnisse* über die Qualität der «ZEIT», und
- *Verantwortlichkeiten*, sowohl für das «HABEN», als auch für das «SEIN».

Jede neue Zeitepoche berührt den zyklischen Fortschritt der Evolution durch einen veränderten Impuls. Somit ist die *Zeit* ein Vorgang, der, entsprechend dem, ob er von der menschlichen, planetaren, kosmischen oder geistigen Ebene aus betrachtet wird, unterschiedlich wahrnehmbar. Die Zyklen der Evolution sind ein pulsierendes Geschehen, ein Zusammenziehen und Ausdehnen, eine Tätigkeit des Ein- und Ausströmens, ein Geschehen von Werden und Vergehen in allen Reichen und in allen Dimensionen des Lebens.

Der RAUM, als die Ebene der Erfahrung, als der *empfangende* Aspekt des Lebens, wird durch die «Qualität» ZEIT, als den *berührenden* Aspekt des Geistes, immer wieder zu Veränderung aufgefordert, damit die dadurch bedingte evolutionäre Entfaltung einen immer bewussteren SEINS-Zustand hervorrufen kann.

Die Evolution, als Entfaltung, geschieht Schritt für Schritt, in einem Prozess des Wachsens, durch die sich aneinanderreihenden zyklischen Zeit-Rhythmen, von denen jeder ein Impuls für Erneuerung ist.

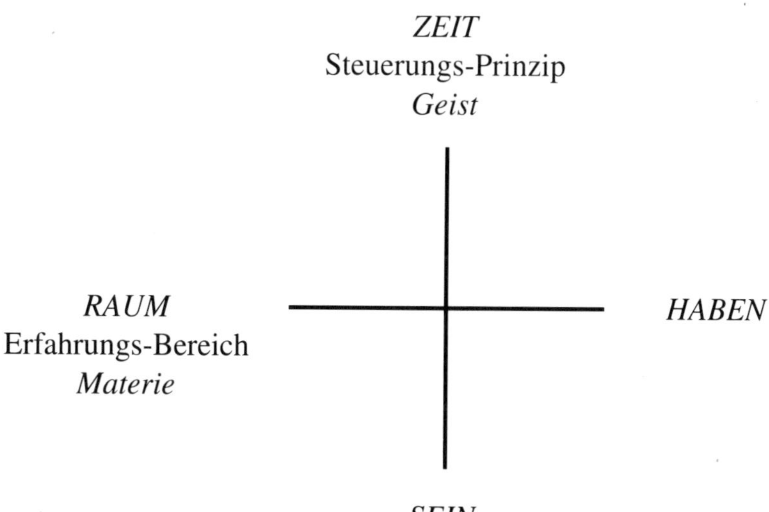

Die Entfaltung der Rassen

A. A. Bailey beschreibt in ihren Büchern die grosse Reise der menschlichen Entfaltung, als den Weg,

> «.... um des Menschen BEWUSSTSEIN in den Himmel zu heben, und die FORM dazu herzurichten, dass sie zum Traggerüst wird.»

Sieben grosse Stationen, das heisst, sieben Rassen-Entfaltungen weist dieser lange Weg auf. Ueber die ersten zwei Rassen auf unsere Erde liegen in den Schriften keine Angaben vor.

Die 3. Rasse war die «lemurische»,
die 4. Rasse die «atlantische» und
die 5. Rasse die «arische»,

welche wir sind, die gesamte heutige Menschheit. Noch zwei Perioden der Entfaltung sind auf unserem Weg-Plan vorgesehen, bis das grosse Ziel erreicht ist - wie die alten Schriften berichten.

Diese Perioden der verschiedenen «Rassen» umschliessen ungeheure Zeit-Dimensionen. Jedoch, das Aufzeigen der Entfaltung des evolutionären Werdens in solch groben Zügen, lässt uns den Sinn der kleineren Strahlen-Zyklen besser verstehen.

Die besondere Einflusskraft eines Strahles bei der Entfaltung einer Rasse ist natürlich *nicht eine allein* wirkende Energie. Die Wirkungskraft mehrerer Strahlen begleitet immer gleichzeitig die Entfaltung des Lebens. Nur in bestimmten Zeitenabschnitten sind einzelne Strahlen-Kräfte wesentlich stärker aktiv, als andere. Auf diese Weise beeinflussen sie, mit ihrer speziellen Wirkung, die Ebenen des Bewusstseins und die

Entfaltung der Formen, auf allen Gebieten des Lebens. Dazu gehören sowohl die Neuentstehung, als auch das Verschwinden einzelner Pflanzen und Tierarten, ebenso wie ganz bestimmte Entwicklungsschritte der Menschen.

In jeder Epoche, in der eine neue Strahlwirkung ihren verändernden Impuls vermittelt, wird immer etwas Neues im Hinblick auf eine Weiterentwicklung eingeleitet und aufgebaut. Dann, nach einer bestimmten Zeit ihrer aktiven Tätigkeit, zieht sich diese Strahlungs-Kraft wieder zurück, ihre Wirkung klingt langsam ab, bis die Zeit wiederkommt, wo sie erneut bestimmend wirken soll.

Die zeitbedingte starke Wirkkraft einer speziellen Energie, können wir auch, als die jeweilige «Inkarnation» einer grossen pulsierenden, göttlichen Kraft bezeichnen, die für eine Weiterentfaltung des Lebens die Formen berührt.

- Die grossen Epochen und ihre Strahlen:

Die dritte,
die lemurische Rasse, wurde von den Strahlen 1, 5 und 7 begleitet.
Die materielle, das heisst die physische Aufbauarbeit war in dieser Epoche ein wichtiges Ziel. Mit Hilfe des 1. und 7. Strahles, mit der Entfaltung des Willens und des Mutes unter Einfluss einer rituellen Ordnung, wurde viel Grundlegendes in der menschlichen Entwicklung erstellt und stabilisiert. Der 5. Strahl konnte, bei den Menschen dieser Zeit, die Entfaltung eines *physischen Bewusstseins* bewirken. Hier hat auch der Hatha-Yoga seinen Ursprung, und die dazugehörige Erziehungsmethode zur Entwicklung des Körperbewusstseins.

Die folgende,
die atlantische Rasse, wurde vom 2. und 6. Strahl begleitet.
Diese Strahleneinflüsse bewirkten die Entfaltung der Gefühle und der Verstandeskraft. In jedem Zeitalter ist eine bestimmte neue Zielrichtung zur Verbesserung des Vorhandenen, der Zweck dieser Epoche. Die Reaktionen der Menschen auf dieses Ziel lässt dann eine bestehende «Zivilisation» sich verändern. Die vorherrschende Idee des atlantischen Zeitalter war die Entwicklung eines gefühlsmässigen Idealismus.

Die gegenseitigen Verbindungen, auch unter den verschiedenen Nationen während des atlantischen Zeitalters, waren hauptsächlich gefühlsbedingt. Das religiöse Leben war dementsprechend mystisch und hingebungsvoll. Die emotionalen Reaktionen, Furcht und Ehrfurcht vor einer höheren Macht und vor Höhergeordneten, verbunden mit starken Gefühlswahrnehmungen, prägten diese Menschen. Die Atlanter traten deshalb durch ein besonders starkes Empfindungsvermögen hervor, weil sie vorwiegend an der *Entwicklung ihrer Gefühlsnatur* arbeiteten. Die Fähigkeit, Ideen zu haben und die Bereitschaft, aus «Liebe» Opfer zu bringen, sind markante Eigenschaften des 6. Strahles. Die daraus entstandenen Einstellungen und Verhaltensweisen beinflussen heute noch unser ganzes Menschengeschlecht.

Unsere jetzige,
die arische Rasse, wird vom 3. und 5. Strahl durchströmt.
Mit diesen Energien verbindet sich die *Entfaltung des Intellekts.* Das Denken ist bei uns heutigen Menschen ein wichtiges Ausdrucks-Prinzip geworden. Mit zunehmender Fähigkeit entsteht in unserer Zeit auch ein ständig wachsendes Verständnis über die grösseren Zusammenhänge des sichtbaren Lebens.

Kinder sind im allgemeinen meistens noch «atlantisch» in ihrem Bewusstsein. Dies ist wie eine Art Wiederholung, vergleichbar zum vorgeburtlichen Stadium des Menschen, wo während seiner Entwicklung im Mutterleib, nochmals wie im «Zeitraffer», die ganze Evolution bis zum jetzigen Zeitpunkt durcheilt wird. Dasselbe vollzieht sich, wenn der «Suchende» am Anfang des «Weges», zuerst sein mystisches Bewusstsein entfaltet, bevor die mentale Erweckung und dadurch okkultes Wissen, berührt werden kann.

Es ist ein interessanter Gesichtspunkt, dass der 5. Strahl, der auch mit dem physischen Bewusstsein verbunden ist, sich jetzt zur Zeit wieder stark bemerkbar macht. Der heutige Akzent des 5. Strahles betont aber mehr die körperliche Vollendung durch Sport, Körperpflege und bewusste Ernährung, um für ein «Ziel» den richtigen «Träger» zu haben. Der 5. Strahl hat vor unendlichen Zeiten die Individuation eingeleitet. Seine jetzige Strahlkraft ist stärker als je zuvor. Das unterstützt die Menschheit im Entfalten eines grösseren Wissens, um aus dem Intellekt ein immer fähigeres Instrument werden zu lassen.

In jedem Zeitalter, nach dem Erwachen einer neuen Idee, einer neuen Sichtweise, entsteht in der Folge, - nach dem Verlauf einer gewissen Zeit, in welcher die Konsequenzen für die Lebensführung aus dieser Idee gezogen werden, - ein allgemeiner Trend. So ist auch unsere heutige Welt mit einer streng materialistischen «Denkweise» entstanden. Der Begriff «Zivilisation», ist in unserer Zeit hauptsächlich mit mentalen und materiellen Werten verbunden. Dadurch erzieht auch jede heutige Schulung vorwiegend für die Verstärkung einer materiell ausgerichteten Zivilisation. Daraus resultiert, dass die Entwicklung des Denkvermögens, für uns heutzutage, vorwiegend nur in den sogenannten «beweisbaren» Wissenschaften möglich ist.

Die atlantische Zivilisation war, im Gegensatz zur heutigen Menschenrasse, in ihrer Einstellung ausgesprochen religiös. Das Leben nach dem Tode war ein wichtiger Interessensbereich, und der Glaube daran war fest. Das ausgeprägte Empfindungsvermögen für die feinstofflicheren Bereiche des Lebens und für die Naturkräfte, ebenso wie die weite Skala von Gefühlszuständen, waren kennzeichend für die damaligen Menschen.

Auf diesem Erbe, auf diesem «Unterbau», wurde nun durch die arische Zivilisation das Gegensätzliche errichtet. So schafft der heutige Mensch einen «Ueberbau», bei dem das Schwergewicht auf das Greifbare, Materielle, auf das Sichtbare gelegt wird, und somit auf all das, was bewiesen, festgestellt, analysiert und benutzt werden kann.

Beide Zivilisationen hatten und haben sich in ihrer Ausdehnung sehr weit von der Mitte entfernt. Aber dieser Mittelweg, der das Beste der beiden Zivilisationen in sich vereinigt, wird das kommende *Wassermann-Zeitalter* einleiten. Es wird eine Epoche sein, wo das Materielle und Immaterielle, das Sichtbare und Unsichtbare, das Greifbare und Geistige als gleichwertig betrachtet, eine neue Kultur hervorbringen kann.

Die nächste Periode,
die sechste Rasse, wird vom 2. und 4. Strahl unterstützt.
Dabei wird die Synthese von Intellekt und Intuition zum Ausdruck kommen. Es heisst, dass es eine vorbereitende Zeit sein wird für

die siebte Rasse, die vom 1. 2. und 7. Strahl
durchflutet wird. Diese letzte Rasse bringt den vollkommenen Menschen hervor, und dadurch die Verwirklichung des «Reiches Gottes auf Erden».

Wenn wir solche grosse und unterschiedliche Zeiträume betrachten, fällt als erstes dieselbe Gesetzmässigkeit auf, derselbe pulsierende Rhythmus von aktiv und passiv, von bewirken und entfalten, wie dies bei den kleinsten Formen des Lebens geschieht. Denn das «Eine Leben» in seiner siebenfachen Manifestation, pulsiert durch jedes Ein- und Ausatmen, nur die Zeitspannen des Taktes in den einzelnen Formen sind unterschiedlich gross.

Die Nationen und ihre prägenden Strahlen

Die grossen Rassen-Entfaltungen teilen sich in viele nationale Schicksale auf, und ihre jeweilige Eigenart ist nicht nur durch ihre geographische Lage, oder durch ihre Klimaverhältnisse geprägt.

Jede Nation, wie auch jeder Mensch, wird von je zwei Strahlen begleitet, vom Strahl der Seele und vom Strahl der Persönlichkeit. Der Persönlichkeits-Strahl prägt die nationale Eigenart, mit all seinen Stärken und Schwächen. Jene Personen, die wie «leuchtende Strahlen» einer Nation sind, bringen den Strahl der Seele eines Volkes hervor und repräsentieren ihn gleichzeitig.

Die Entfaltung und die Verwirklichung der Qualitäten des Seelenstrahls ist das Ziel jeder Nation, wie auch des einzelnen Menschen. Die unterschiedlichen Energieströme, die in kürzeren Zeitabläufen die Erde umhüllen, bewirken für Mensch und Nation diese Erfahrungen, die der nächste «Schritt» in die eigene Seelen-Zielrichtung verlangt.

Wenn wir von dieser Warte aus die Geschichte der Menschheit betrachten, lässt dies die Entstehung neuer Gesichtspunkte zu. Die unumgängliche Notwendigkeit des Lernens, bei Nationen, bei Gruppen, wie auch bei den einzelnen Menschen, wird hier offensichtlich. Auch wird klar, dass das Erlernen von neuen Eigenschaften für uns Menschen in einem solchen Land leichter fallen, wo unsere Entwicklungs-Themen bereits zur speziellen Eigenart dieses Volkes gehören. Damit wird verständlich, dass ein Mensch, der zum Beispiel bei einer neuen Inkarnation für seine Lebensthemen vorwiegend die maskulinen Persönlichkeits-Strahlen als Ausrüstung hat, sich eher in einem Land inkarniert, oder später dorthin umsiedelt, wo seine Lernerfahrungen durch die Energien des dortigen Umfeldes unterstützt werden. Wenn aber das Lernen, das «Weitergehen» uns Mühe macht, wählen wir im Gegensatz dazu solche Länder und Orte aus, die stark in jenen Energien schwingen, die wir noch von unserer Vergangenheit her gut kennen, und die uns dementsprechend vertraut sind.

Die folgende Tabelle zeigt die Zuordnung der Strahlen und Nationen zueinander, nach den Angaben von A. A. Bailey, und B. Creme:

	Persönlichkeit	*Seele*
Afrika	7	6
Aegypten	7	1
Argentinien	6	1
Asien	4	6
Australien	7	2
Belgien	7	5
Brasilien	2	4
China	3	1
Deutschland	1	4
Frankreich	3	5
Grossbritanien	1	2
Griechenland	3	1
Holland	7	5
Indien	4	1
Indonesien	2	6
Irland	6	6
Israel	6	3
Italien	4	6
Japan	4	6
Jugoslawien	7	6

	Persönlichkeit	*Seele*
Kanada	1	2
Korea	4	6
Nepal	3	6
Norwegen	4	2
Oesterreich	5	4
Philippinen	2	6
Polen	6	6
Portugal	7	6
Russland	6	7
Spanien	7	6
Sri Lanka	4	6
Schweden	2	3
Schweiz	3	2
Thailand	6	7
Tibet	4	7
Türkei	6	3
Ungarn	4	6
USA	6	2

Wenn wir die Strahlenzugehörigkeit der Nationen betrachten, wird es auch einfacher, die besonderen Arten der Beziehungen zwischen den einzelnen, besser zu verstehen.

Das Führen, Anführen und Regieren, gehört zu den Haupteigenschaften der 1. Strahl-Persönlichkeiten, dies zeigen uns die Länder England und Deutschland immer wieder. China, Indien, Aegypten und Griechenland haben den ersten Strahl als Seelenstrahl, der sie innerlich führt, aber ihr wirkliches Licht - wie es heisst - wurde noch nicht «ausgegossen», wurde noch nicht wirklich zum Leuchten gebracht, wenn auch viele ihrer schöpferischen Werke, Gedanken und Philosophien, schon lange Zeugen dieser inneren Kraft sind.

Eine enge Verbindung kann zwischen zwei Nationen, oder Menschen auch dann entstehen, wenn des einen Seelenstrahl mit dem Persönlichkeits-Strahl des anderen identisch ist, wie das zum Beispiel zwischen Indien und England der Fall ist.

Frankreich wiederum repräsentiert die Strahlenverbindung 3. und 5. Strahl. Der wirklich denkfähige Geist dieser Nation wird umso klarer hervortreten, je stärker seine Verbindung zum Strahl seiner Seele wird. Wenn sich immer mehr Menschen von dem isolierenden «Beschäftigtsein mit all den Ich-Wichtigkeiten» (3. Strahl) lösen können, wird es erst möglich werden ihre wirklichen Begabungen zu entfalten, und dadurch auch das Wissen der Welt zu vergrössern (5. Strahl), wie es manche aus diesem Volk auch schon taten.

Länder, die den 4. Strahl in ihrer Ausrüstung haben, bringen die Qualitäten der Schönheit und der Harmonie, auf vielen Ebenen des Lebens zum Ausdruck. Vor allem durch hervorragende schöpferische Persönlichkeiten, mit ihren besonderen Begabungen, für immer neu erschaute Formen.

Der sechste Strahl des Idealismus, prägt besonders stark Länder wie Amerika, Russland, Italien, Jugoslawien, Spanien, Israel, Ungarn. Das «fanatische» Festhalten an einem Ideal, ist all diesen Staaten eigen, wenn es auch auf sehr unterschiedliche Art gelebt wird. Ein idealisierter Nationalismus manifestiert sich besonders extrem in Irland und in Polen. Die langsam sich zurückziehende Kraft des 6. Strahles bewirkt aber auch hier die bekannten Veränderungen in all diesen Staaten.

Es könnten noch viele Beispiele über das Wechselspiel der Kräfte zwischen den Völkern aufgeführt werden, weil Vereinendes und Gegenüberstehendes der einzelnen Nationen, so klar durch ihre Strahlen-Eigenschaften hervortritt. Auch ist es interessant festzustellen, wie Nationen mit den femininen, also empfänglichen, gefühlsbetonten Energien als Persönlichkeits-Strahl, eher intuitiv und mystisch veranlagt sind. Meistens sind dies Länder voller Charme, die Freude an den Aeusserlichkeiten des Lebens und an farbenfrohen, lebhaften Schaustellungen haben. Bei diesen Völkern wird aber auch die materielle Seite des Lebens als etwas sehr Wichtiges betrachtet, und somit auch das Geld. Das feminine Prinzip ist ein Mutterprinzip, das neue Ideen «grossziehen» kann - und dadurch ein wichtiger Pfleger jeder Zivilisation ist - aber das Loslassen, die Veränderung fällt hier besonders schwer.

Die eher von maskulinen Energien geprägten Staaten interessieren sich mehr für ein Engagement in mentalen Bereichen, wie es in der Politik und bei allen Organisationsfragen benötigt wird. Sie haben ein ausgeprägtes Klassenbewusstsein und können leicht aggressiv werden, weil sie wechselweise von ihre eigenen Grösse entweder zu überzeugt sind, oder um sie fürchten. Gesetze und Rechtsfragen sind deshalb hier die wichtigsten Themen. Aber natürlich zeigt es sich bei den Nationen, genauso wie bei den einzelnen Menschen, dass der bereits vorhandene Entwicklungsstand entscheidet, auf welcher Ebene ein jeweiliges Strahlenthema gelebt wird.

Durch diese Erkenntnisse gewinnen wir auch Klarheit, warum wir in einem bestimmten Land inkarniert sind, oder warum wir in ein anderes Land umgezogen sind. Warum üben manche Länder - ihre Sitten und Gebräuche, sowie ihre Lehren - einen unwiederstehlichen Sog auf uns aus, und warum wählen wir bestimmte Länder, wenn wir uns erholen und neu aufladen möchten? Auf wie viele, bis anhin unbewusst gefällte Entscheidungen können wir jetzt ein Licht des Erkennens werfen?

Noch ein weiterer interessanter Gedanke taucht hier auf:

Aus wievielen grundverschiedenen Völkern sich wohl jene Menschen inkarnierten, die zu einer bestimmten Zeit gemeinsam, als *«eine stolze Nation»* auftreten !

Die Religionen und ihre Strahlen

Alles Leben wird im grossen kosmischen Ozean von den leuchtend strahlenden Energien umhüllt, ernährt und getragen. Diese Energie-Ströme begleiten auch unsere Seele, wenn sie wieder für eine neue Inkarnation in die Materie eintaucht. In ihnen sind auch die auf unser Schicksal einwirkenden Möglichkeiten des Wachsens eingebettet, wenn wir für eine neue Erfahrung wieder auf den Wegen des Lebens wandern. Nichts ist ausserhalb dieses grossen pulsierenden Lebensflusses, kein Geschehen, keine Erfahrung und keine Zeit. Wir sind von den Energien des Lebens getragen, ob wir dies als Freude, oder auch als Leid erfahren.

Wenn ein Lichtwesen, wie unsere Seele, sich für eine nächste Aufgabe mit Materie «umhüllt», vergisst sie in der Regel sehr schnell das leuchtende strahlende Leben, aus dem sie kommt, hinter den sichtbaren Formen des physischen Lebens. In den darauf folgenden Zeiten, wo wir nur auf die Materie fixiert sind, kann sich in uns ein Gefühl des Isoliertsein entwickeln, dessen Folge oft eine zunehmende Angst wird. Es entsteht ein Gefühl von Verlust, ein unsicheres Gewahrwerden, als wären wir von irgendwo hinausgefallen, wo es für uns viel schöner war, als es jetzt hier in der Gegenwart ist.

Lange Zeiten des Haderns mit uns, mit unserem Schicksal und mit unseren Mitmenschen folgen diesen Ansichten, und danach dauert es noch eine ganze Weile, bis wir langsam fähig werden, die Wichtigkeit und den Sinn unseres Lebens zu erkennen. *Entwicklung* heisst auch *Entfaltung*, es heisst, sich aus einer dichten Schicht von Verwirrung langsam herauszuarbeiten, um das «Eigentliche» wahrnehmen zu können.

Auf diesem nach Erkenntnis suchenden Weg begleiten uns die Religionen. Sie übersetzen jene Lichtbotschaften in Worte und Rituale, deren Sinn und Zielrichtung das Erlangen einer grösseren Liebesfähigkeit ist. In unseren zahlreichen, nach Entfaltung ringenden Leben, begegnen wir vielen unterschiedlichen Interpretationen des Begriffes Liebe. Auch die Lehren und Empfehlungen, wie der Weg der Liebe zu finden und zu gehen ist, unterscheiden sich dementsprechend, wo, wann, und von wem er formuliert wird.

Worte sind in Form gegossene Gedanken. Je dichter und fester eine Form ist, umso stärker wird dadurch das «eingeschränkt», was sich, hinter dieser Form wirkend, ausbreiten möchte. Damit wird verständlich, wie schwierig es ist, wegweisende Worte so zu formulieren, dass sie während eines bestimmten Zeitabschnittes den Menschen eine unterstützende und begleitende Kraft spürbar machen, und dabei zusätzlich fähig sind, lehrend in die Zukunft zu weisen.

Grosse Lichtwesen, göttliche Gesandte des Himmels, übernehmen immer wieder diese wegweisenden Aufgaben, um in Zeit und Raum den Begriff von Liebe und ihren Weg neu zu interpretieren. Ihre richtungsweisenden Gedanken sind auch immer eng, in ihrer formulierenden Art, mit jenen Energien verbunden, die zu diesem Zeitpunkt als Strahlungsqualität die Erde umhüllen. Das heisst, die besonderen Energien der Strahlen ermöglichen nicht nur bestimmte Erfahrungen, sondern sie prägen auch die Richtung der Entfaltung einer bestimmten Zeit, die dann die Grundlage für eine neue kommende Zeit sein wird.

Ein Strahl mit seiner Funktion ebnet somit auch den Weg für einen kommenden zukünftigen Strahl. Aber die zyklischen

Veränderungen der Strahlen-Energien geschehen im allgemeinen nicht in einer numerischen Reihenfolge. Wenn dies in einer Konstellation doch der Fall ist, weist es auf die besondere Wichtigkeit eines Zeitgeschehens hin, wie es auch in unserer Zeit der Fall ist, wo die 7. Strahl-Qualität nach dem 6. Strahl-Thema folgt, weil diese ergänzende Verbindung eine stärkere Wirkkraft in sich birgt.

Vorherrschende Strahlen-Energien werden auch immer von den Meistern eines Strahles begleitet, die als Lehrer für eine neue Ausrichtung des Denkens auf unsere Erde kommen. Das lässt erkennen, dass auch

jede bedeutende Religion,

unter dem Einfluss eines ganz bestimmten Strahles steht.

Auf diese Weise wurde die grosse ägyptische Religion von den Energien des 4. Strahles beeinflusst. Das Christentum, wie das Judentum und auch der Buddhismus sind Auswirkungen des 6. Strahles, genauso, wie auch der Islam, die Religion Mohammeds.

Jede Religion trägt Botschaften in sich, Botschaften

- des Lichtes, als der alles belebenden Kraft des Lebens,
- der Qualität der Liebe, als wachsendes Verstehen,
- der Kraft des vermittelnden Wissens, für den Sinn des Lebens.

Diese Botschaften einer Religion, können aber nur mit solchen Worten und Ritualen vermittelt werden, die der «Wertvorstellung» und dadurch der Annahmebereitschaft der Menschen in einem bestimmten Stadium ihrer Entwicklung entsprechen. Wenn aus «Botschaften», die für eine bestimmte Zeit die formulierte Art der Liebe waren, eine genormte, etablierte und unbewegliche Religion geworden ist, «erben» die darauffolgenden Generationen, die nur noch zu Gesetz erstarrten Worthüllen, einer einst lichtvollen Uebermittlung.

Die Religionen haben zweifellos wichtige «mütterliche» Aufgaben, wie Erziehen, Lehren und Wege aufzeigen. Aber auch Mütter verändern die Wortwahl, wenn Kinder älter werden. Und die Menschheit global, das heisst wir alle, sind «älter» geworden, und die häufig angstauslösenden alten Formeln der Vergangenheit haben heute nicht mehr ihre beabsichtigte Wirkung.

Aber wer gibt jetzt die Antworten auf die vielen noch offenen Fragen?

Doch genau diese unbeantworteten Fragen sind es, die uns zum Suchenden werden lässt. Wir suchen Verbindungen mit neuen «Glaubensformen», mit neuen Formulierungen der «Wahrheit», die wir heute als wahr annehmen können. Unser Verlangen, die Zusammenhänge zwischen «Himmel» und «Erde» immer besser zu verstehen, führt uns zum Weg der Mystik. Denn die Sprache der Mystik berührt die verborgenen Wahrheiten aller Religionen ebenso, wie dies das okkulte Wissen tut. Die Religionen weisen ja auch auf diesen gemeinsamen Geist hin, der nur in den Formulierungen, und in den Unterschieden von ZEIT und RAUM so abweichende Darstellungen erfährt.

Drei grosse Gottessöhne brachten bereits der Menschheit wichtige Leitmotive der Entwicklung, wie:

Herkules	-	Stärke durch Prüfung,
Buddha	-	Erleuchtung durch Anstrengung,
Christus	-	Auferstehung durch Opfer.

Die neuen Energien, das heisst, die synthesebringende Kraft des 7. Strahles, unterstützt unseren Mut und unsere Fähigkeit, alte Wahrheiten mit neuen Erkenntnissen zu verbinden, um bereit zu sein, für die Botschaften unserer Zeit.

Das lässt uns auch auf unserem Weg vom «ICH» in Richtung «WIR» gehen, lässt uns die Gemeinsamkeit der Seelen erkennen, die, in einer sich ergänzenden Wirkungsweise, die Ziele jedes Einzelnen in sich tragen.

Je weiter sich unsere Fähigkeiten entfalten, die wirkenden Energien des feinstofflichen Ebenen wahrzunehmen, in umso durchlässigeren «Hüllen» können wir die neuen Gedankenformen empfangen. Dies schafft einen entsprechend grösseren Freiraum für uns, aber auch die Aufgabe für vermehrte Verantwortung.

Unsere nächste «religiöse Glaubensform» kann vielleicht das erwachende WISSEN darüber sein, dass:

LICHT - LEBEN - LIEBE

EIN- und DASSELBE

sind und dass sich kein Wesen je *ausserhalb dieser Ganzheit* befinden kann.

DIE LICHT-STRAHLEN DER STERNE

SVADHISTHANA-CAKRA / Sakral-Zentrum

Die sieben Strahlen und unser Sonnensystem

Das Universum - die Unendlichkeit des Raumes - ist ein ätherisches Feld, in welchem in unaufhörlicher Bewegung ein Austausch und eine Uebertragung von Energien stattfindet.

Der Raum des Universums ist wie ein «universeller Aetherleib», ein frei strömender Energiebereich aus dynamischer und magnetischer Kraft. In diesem Energiefeld ist die Wirkkraft der «universellen Seele» verborgen und damit das Prinzip für alle sichtbar gewordenen Manifestationen.

Jede Wesenheit bildet, ihrer Evolutionsstufe entsprechend, ihren individuellen Aetherleib. Kein einzelner Aetherkörper ist ein separierter Energieträger, sondern ist mit dem grösseren Aetherkörper jenes Reiches verbunden, dem er angehört.

Ein Naturreich ist durch seinen Aetherleib ein Teil der ätherischen Hülle der Erde und diese, in Verbindung mit all den Aetherkörpern der Planeten und der Sonne, bildet die ätherische Hülle unseres gesamten Sonnensystems. Auch unsere Sonne ist wiederum eng mit sechs anderen Sonnensystemen verbunden. Diese sieben bilden zusammen wieder eine Einheit. Sie empfangen gemeinsam die Energien welche von drei grossen Sternbildern zu ihnen fliessen.

Dem Prinzip der Dreiheit, als umfassenden Symbol für die Einheit, begegnen wir in allen Dimensionen genauso, wie dessen Ausdrucks-Ebene in einer Form der Siebenheit. Die manifestierte Dreiheit, die die höheren Energien für die sieben Sonnensysteme übermittelt sind:

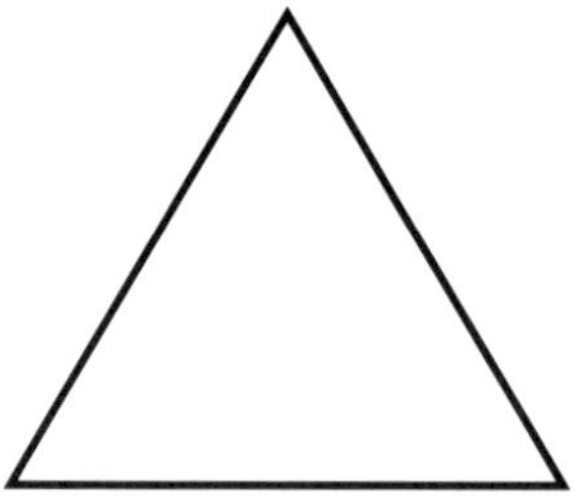

Durch diese Sternbilder strömen die Botschaften zu den Ebenen der Verwirklichung in den sieben Sonnen-Systemen. Jedes einzelne Sonnensystem erhält so eine ganz bestimmte Strahl- oder Energie-Art und damit seine besondere Entwicklungs-Richtung.

Die Lern- und Entfaltungsthematik unseres «Systems» ist der *2. Strahl.* Diese grosse lichtvolle Wesenheit, deren materielle Verkörperung unsere Sonne ist, wirkt und strahlt durch diese Energien, und darum sind *alle* Erfahrungen in unserem Sonnen- System mit der Weiterentwicklung der Fähigkeit zur LIEBE verbunden. Es zeugt von der besonderen Strahlungsfähigkeit unseres Sonnen-Logos, dass er diese anspruchsvolle Aufgabe übernommen hat, in «seiner Gruppe» für die Qualität von LIEBE und WEISHEIT zuständig zu sein, und für ihre konstante Entfaltung zu sorgen.

Aber wie in jedem Wassertropfen alle Farben des Regenbogens sich widerspiegeln können, so ist auch in jeder «Einheit» die Ganzheit vorhanden, wenn auch die Zielrichtung eine bestimmte ist.

Die Haupt-Energie-Einflüsse, die Wirkungen sowohl auf den Einzelmenschen, wie auf die Menschheit als Ganzes ausüben.

- Das Sternbild des Grossen Bären.
- Die Sieben Schwestern der Plejaden.
- Sirius, der Hundestern.

- Die sieben Sonnensysteme, zu denen auch das unsere gehört.

- Unser Sonnensystem, mit den zwölf Planeten.

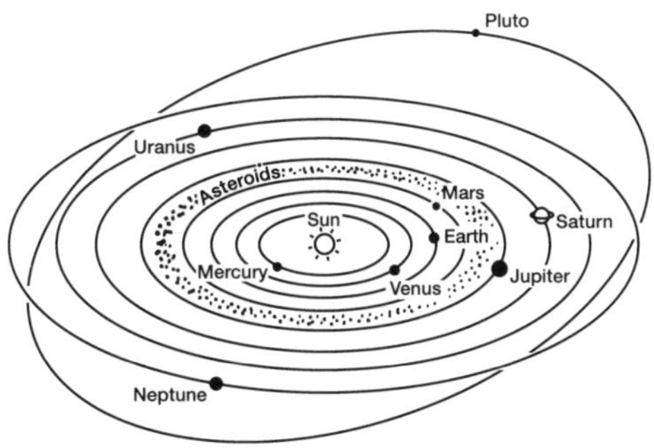

- Die zwölf Tierkreis-Sternbilder.

- Die sieben Zentren der Erde, und die, sie beherrschenden Strahlen:

London	- Seele V. Strahl	/ Persönlichkeit VII. Strahl
New York	- Seele II. Strahl	/ Persönlichkeit III. Strahl
Tokio	- Seele VI. Strahl	/ Persönlichkeit IV. Strahl
Genf	- Seele I. Strahl	/ Persönlichkeit II. Strahl
Darjeeling	- Seele II. Strahl	/ Persönlichkeit V. Strahl

Die Zentren in Südamerika und Australien sind noch nicht bekannt.

- Die sieben Kraftzentren im menschlichen Aetherkörper.

Die Strahlen der Sternzeichen und der Planeten

Durch die Verlagerung der Rotationsachse der Erde, ergibt sich eine rechtsläufige Drehung. Diese «Kreiselbewegung» der Erdachse bewirkt, dass ca. alle 2100 Jahre die Erde unter einen anderen Sternzeichen-Einfluss steht. Eine volle Umdrehung dauert 25700 Jahre und wird als platonisches Jahr bezeichnet. Jede Stern-Konstellation ist - wie alles im Kosmos - Träger und Vermittler von unterschiedlichen Energie-Arten. Die Sternzeichen sind 12 Ausdrucks-, oder Entfaltungsbereiche, die die evolutionären Schritte unseres Lebens bestimmend beeinflussen.

Die zwölf Sternzeichen und ihre Strahlen:

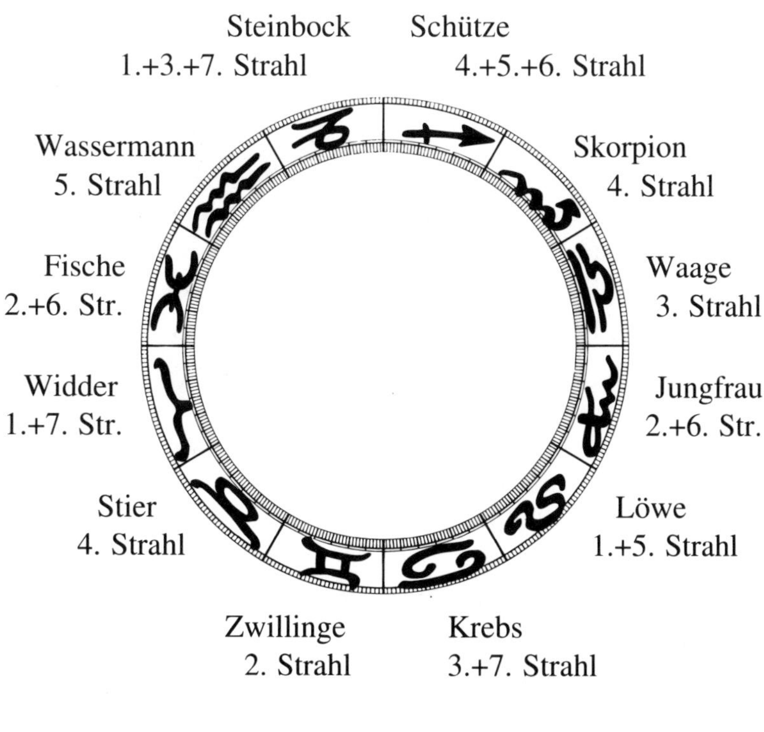

Jedes manifestierte Leben, unabhängig von seiner Grösse, ist durch sein Wachsen in das Prinzip der zyklischen Veränderungen eingebettet. Der Weg durch den Tierkreis, und die im Wesen einer Sternkonstellation zugrundeliegenden Themen, ermöglichen Neu-Orientierung und Regeneration. Die einzelnen Sternbilder formieren sich wiederum in Dreier-Gruppen, durch ihre sich verbindenden Energiefelder, weil ihre Erfahrungsthemen - innerhalb ihrer Dreiheit - sich ergänzen.

Die Energien des Einen,
durch die Botschaften der Dreiheit,
für den Wirkungsbereich der Siebenheit
in den Erfahrungen der Zwölfheit.

Die einzelnen Strahlen-Themen der «Siebenheit» werden durch die folgenden Zeichen-Gruppierung der «Zwölfheit» aufgeteilt :

1. Strahl	=	Widder - Löwe - Steinbock
2. Strahl	=	Jungfrau - Zwilling - Fische
3. Strahl	=	Krebs - Waage - Steinbock
4. Strahl	=	Skorpion - Stier - Schütze
5. Strahl	=	Löwe - Schütze - Wassermann
6. Strahl	=	Schütze - Jungfrau - Fische
7. Strahl	=	Steinbock - Krebs - Widder

In unseren Tagen, wo die Wirkkraft des Wassermann-Zeitalters immer spürbarer wird, beginnt die klarere Manifestierung der Energiekonstellation des Kräfte-Dreiecks von:

Löwe - Schütze - Wassermann.

Dadurch erleben wir die, durch diese Energieverbindung zum

Ausdruck kommende Qualität des 5. Strahles, dem Strahl der Evolution des Bewusstseins. Dies ist der Weg der mentalen Entwicklung und damit die Zeit der «Mental-Evolution».

Die Zusammengehörigkeit dieser drei Sternzeichen wird verständlich, wenn wir die Zeichen vom folgenden Standpunkt aus betrachten, dass

- SCHUETZE die Fähigkeiten repräsentiert, die wir in uns bereits erarbeitet haben, wie zum Beispiel Instinkt, Intellekt, Intuition. Somit beinhaltet dieses Zeichen auch jene Grundlage der Vergangenheit, von der aus unser nächster Schritt möglich ist.

- LOEWE ist mit der Entfaltung des Selbstbewusstseins verbunden, und dadurch sind seine Themen die Veränderung des Bewussten-Seins. Er hat deshalb mit den Realisationsmöglichkeiten der Gegenwart zu tun.

- WASSERMANN-Energien ermöglichen das Erlangen eines Seelen-Bewusst-Seins, und damit das Hineinwachsen in ein Gruppen-Bewusst-Sein, welches der Weg unserer Zukunft ist.

Die Energien, die durch ein Zeichen fliessen, werden durch jene Planeten aktualisiert, die ein Zeichen «regieren», das heisst, die mit ihren «Impulsen» die Themen eines Zeichens zur Wirkung bringen. Mit anderen Worten:

Die Qualitäten der Stern-Zeichen bilden den RAUM,

in welchem ein neuer Schritt der Entfaltung auf dem Weg der Evolution getan werden kann. Die einzelnen Planeten wiederum, als «Regenten» eines Zeichens, üben auf das Leben einen direkten Einfluss aus. So vermitteln für uns

die Planetenbewegungen den ZEIT-Faktor,

und aktualisieren auf diese Weise die Gelegenheiten zu neuen Erfahrungen.

Der Planet Uranus zum Beispiel, lässt in unserer Zeit, die Energien des 7. Strahles durch das Wassermann-Zeichen die Menschheit berühren, um sie so zur Veränderung zu ermutigen. Dieser Planet vermittelt eine neue Zeit-Qualität mit dem Ansporn für eine «Neuordnung» im Raumbereich unseres Denkens entstehen.

Im langsam zu Ende gehenden Fische-Zeitalter floss der Impuls des 6. Strahles durch den Planet Neptun. In diesem Erfahrungsraum war die Menschheit vor allem im Empfindungsbereich polarisiert, und die Zeitthemen des Lernens befassten sich mit Idealismus, Hingabe und Opferbereitschaft.

Da unser Zeitgeschehen immer eine Wiederspiegelung von grösseren planetaren Energie-Konstellationen ist, so ist es auch interessant zu beobachten, dass um 1990 eine Verbindung (Konjunktion) zwischen zwei Himmelskörper begann. Zwei wichtige Planeten, Neptun und Uranus, die wir symbolisch auch als die Repräsentanten für das Gestern und das Morgen halten, aktivierten und verstärkten mit ihrer Konjunktion die Zeit-Themen, das heisst das Lernen des Umdenkens. Es zeigte sich deutlich, durch die Gegenüberstellung zweier solcher unterschiedlichen Energien - die wir in allen Bereichen unseres Lebens auch miterlebten -, dass es unausweichlich Zeit ist, den Beginn einer NEU-ZEIT wahrzunehmen.

Seit 1994 löst sich nun dieses enge Gegenüberstehen, und die 7. Strahl-Energien durch Uranus nehmen ständig zu.

In der Zuordnung von Zeichen und den, durch sie wirkenden Planeten, kann noch eine zusätzliche Differenzierung aufgezeigt werden. Wenn nämlich unser Bewusstsein als Erfahrungsausrichtung grösstenteils in der Materie verankert ist, werden durch die einzelnen Zeichen, die folgenden Planeten für uns wirksam:

Widder	-	Mars	-	6. Strahl
Stier	-	Venus	-	5. Strahl
Zwillinge	-	Merkur	-	4. Strahl
Krebs	-	Mond	-	4. Strahl
Löwe	-	Sonne	-	2. Strahl
Jungfrau	-	Merkur	-	4. Strahl
Waage	-	Venus	-	5. Strahl
Skorpion	-	Mars	-	6. Strahl
Schütze	-	Jupiter	-	2. Strahl
Steinbock	-	Saturn	-	3. Strahl
Wassermann	-	Uranus	-	7. Strahl
Fische	-	Jupiter	-	2. Strahl

Die folgende Tabelle zeigt jene Verbindungen zwischen den Zeichen und Planeten auf, deren Wirkung wir erfahren, wenn in uns die Entfaltung eines neuen Bewussten-Seins bereits aktiviert worden ist.

Widder	-	Merkur	-	4. Strahl
Stier	-	Vulkan	-	1. Strahl
Zwillinge	-	Venus	-	5. Strahl
Krebs	-	Neptun	-	6. Strahl
Löwe	-	Sonne	-	2. Strahl

Jungfrau	-	Mond	-	4. Strahl
Waage	-	Uranus	-	7. Strahl
Skorpion	-	Mars	-	6. Strahl
Schütze	-	Erde	-	3. Strahl
Steinbock	-	Saturn	-	3. Strahl
Wassermann	-	Jupiter	-	2. Strahl
Fische	-	Pluto	-	1. Strahl

Weil die Stern-Zeichen, entsprechend der Verankerung des Bewusstseins, unterschiedlich erfahrbar sind, verdeutlichen alte Mantrams diese gegensätzlichen Denkweisen.

Demzufolge erleben wir in den Perioden, in welchen unsere Aufmerksamkeit sich mit der Materie zu verbinden lernt, die Zeichen auf die folgende Art:

Widder	- Es werde wieder die Form begehrt.
Stier	- Die Willensstärke sei ohne Furcht.
Zwillinge	- Unbeständigkeit tue ihr Werk.
Krebs	- Trennung sei die Regel, und dennoch existiert die Menge.
Löwe	- Mögen andere Formen bestehen, Ich herrsche.
Jungfrau	- Die Materie regiere.
Waage	- Es werde ein Wahl getroffen.
Skorpion	- Maya gedeihe und Täuschung herrsche.
Schütze	- Es werde Nahrung gesucht.
Steinbock	- Ehrgeiz herrsche, und das Tor stehe weit offen.
Wassermann	- Begierde sei Herrscher in der Form.
Fische	- Geh hinaus in die Materie.

Zu anderen Zeiten, wenn unser Bewussten-Sein sich mit der Zielrichtung der Seele schon verbinden kann, lauten die neuen Mantrams:

Widder	- Ich trete hervor und von der Ebene des Denkens aus herrsche ich.
Stier	- Ich sehe, und wenn das Auge geöffnet ist, ist alles erleuchtet.
Zwillinge	- Ich erkenne mein anderes Selbst, und indem dieses schwindet, wachse und erglühe ich.
Krebs	- Ich erbaue ein erleuchtetes Haus, um darin zu wohnen.
Löwe	- Ich bin Das, und Das bin Ich.
Jungfrau	- Ich bin die Mutter und das Kind, ich bin Geist und Materie.
Waage	- Ich wähle den Weg, der zwischen den beiden grossen Kraftlinien hindurchführt.
Skorpion	- Krieger bin ich, und aus dem Kampf gehe ich siegreich hervor.
Schütze	- Ich sehe das Ziel. Ich erreiche das Ziel und sehe ein weiteres.
Steinbock	- Versunken bin ich im überirdischen Licht, doch diesem Licht wende ich den Rücken.
Wassermann	- Wasser des Lebens bin ich, ausgegossen für dürstende Menschen.
Fische	- Ich verlasse des Vaters Haus, und indem ich zurückkehre, erlöse ich.

Der Mensch hat umfängliche Möglichkeiten sein Bewusstsein in jedem einzelnen Leben zu steigern und zu erweitern. Darum ist jede erneute Inkarnation auch ein Kräftespiel mit den unterschiedlichsten Arten von Energien. Der schöpferische Impuls jeder Energie hat das Ziel, eine wirksame Berührung zu verursachen, die die Veränderung eines bestehenden Bewusstseins-Zustandes erreichen möchte.

«Durch die Energie-Aeusserung und Tätigkeit bestimmter grosser Wesen, deren Manifestationszyklen und unendliche Ziele, für uns völlig unfassbar sind, entstehen Sonnensysteme, Sternenbilder und Planetenwelten. Doch jede Wesenheit ist ein Funke Göttlichen Seins, und jede Energie ist die Ausstrahlung des einen Lichtes. Die wahrnehmende Widerspiegelung des «Urbildes» vollzieht sich durch den jeweiligen Bewusstseinszustand des Einzelnen.»

A. A. Bailey

Die grossen Zyklen der Evolution

Durch einen, aus ständiger Wechselbeziehung entstehenden Austausch, und durch eine immerwährende Veränderung im ganzen kosmischen Raum, entsteht ein lebendiger Rhythmus, der fähig ist, polare Gegensätze zu verbinden. Diesen Austausch, beziehungsweise diese Aktivität, bezeichnen wir als Energie, noch einfacher, als Leben. Alles befindet sich in dieser unaufhörlichen Bewegung und nur die Bewegungs-Räume und die Zeit-Intervalle sind verschieden gross. Aber all diese Bewegungen verraten eine bestimmte Ordnung in ihrem Rhythmus, die für uns durch den Impuls «Zeit», die die Geschehnisse im «Raum» verändernd berührt, erkennbar wird.

Die kleineren Zeitabläufe regeln unseren Alltag, wie wir es im Wechsel von Tag und Nacht, oder in den Zyklen des Jahres sehen. Diese rhythmischen Prozesse betrachten wir aber mit unserer linearen Zeitvorstellung, und werten sie als etwas sich ständig Wiederholendes, als etwas bereits Bekanntes. Aus dieser Einstellung heraus projizieren wir gerne eine Vergangenheit einfach in die Zukunft, in der Meinung, wenn etwas in den zurückliegenden Zeiten funktioniert hat, kann dasselbe Resultat auch von einer kommenden Zeit erwartet werden. Dadurch gestalten wir unsere Zukunft als eine unveränderliche Verlängerung der Vergangenheit, und erwarten dabei von dieser Methode, das für uns so wichtige Resultat von Sicherheit und Stabilität.

Wenn, in unserer Vorstellung, die Zeit nur eine sich wiederholende Folge von Abläufen ist, und die zurückliegenden Erfahrungen für uns Enttäuschungen waren, dann lähmen uns unsere Aengste in ähnliche zukünftige Erfahrungen hineinzugehen, und dasselbe Leid bei einer Wiederholung von etwas bereits «Bekanntem» erneut erleben zu müssen. Dadurch reagieren wir auf Situationen, die wie eine Wiederholung von altem Zeit-Geschehen empfunden werden, entsprechend unserer Erinnerungen - hoffnungsvoll oder ängstlich. Aber so wie jede Minute, trägt auch jeder Tag und jede neue Lebenszeit eine neue Zeit-Qualität in sich, eine neue Zeit für neue Möglichkeiten.

Das Umdenken für eine veränderte Einstellung, betreffend unserer Raumvorstellung, erlebten wir schon um die Mitte dieses Jahrtausends durch die Erkenntniss, dass «unser Raum», unsere Erde nicht etwas Zentrales ist, sondern Teil eines grösseren Ganzen und zusätzlich in ständiger Bewegung.

Unser langsam zu Ende gehendes Jahrhundert, hat uns ebenso schon manche neue Definition über den «Begriff Zeit» erfahren lassen. Dies geschah nicht nur, indem uns die räumlichen Fortbewegungen in immer strafferen Zeitbereichen möglich wurden, sondern wir erfuhren auch durch viele Bereiche der Wissenschaft, wie die Zeit eine Neudefinition erhielt. Doch auch diese neuen Formulierungen sind immer noch mit der Vorstellung einer linear verlaufenden Zeit verbunden, wobei dem Neuen nur ein kleiner Bereich der Möglichkeiten eingeräumt wird. Das Umdenken, welches heute vor uns liegt, ist mit dem Erkennen der zyklischen Abläufe der sich verändernden Zeit verbunden und dem Bewusstwerden darüber, dass die einzelnen Zeit-Zyklen unterschiedliche Qualitäten und dadurch verschiedenartige Möglichkeiten und Aufgaben aufweisen.

Viele alte Weisheitslehren können in uns ein Verständnis im Umgang mit der Qualität «Zeit» erwecken. Sie ermöglichen ein ganzheitliches Verstehen für die ewig neuen Konstellationen des Lebens in RAUM und ZEIT. Diese «Zweiheit» formuliert der Taoismus besonders klar durch die Symbole von Yin und Yang, das Yang-Prinzip, als dem Symbol von aktiv, Geist, Zeit, hell, und das Yin-Prinzip, als dem Symbol des Empfangenden, als Zeichen für Form, Erde, Materie, für das Undurchsichtige und dadurch Dunkle.

Auch die chinesische I-Ging-Lehre, ebenso wie die Astrologie geben uns wichtige Hinweise für den Umgang mit der Zeitqualität, und lehren uns die Aufmerksamkeit für die bewusste Wahrnehmung einer bestimmten Zeit in einem bestimmten Raumbereich. Ein weiterer Grund, warum uns alte Weisheitslehren so anziehen ist, dass wir in ihnen die Verbindung zur Ganzheit deutlich spüren. Wir verbinden uns mit den bewusstseinserweiternden Lehren, um am Kreuzungspunkt von Zeit und Raum, von Geist und Materie, uns selbst im Hier und Jetzt klarer erkennen zu können.

Eine bestimmte Raum/Zeit Konstellation gibt auch oft die Möglichkeit für eine wichtige Erfahrung, deren Folge diese Energiefelder sind, die durch bestimmte Ereignisse an manchen Orten weit über «ihre» Zeit hinaus anhaften. Erschaffene Energiefelder verändern sich nur durch eine neue, mit diesen «Raum» verbundene Erfahrung, die energetisch stark genug ist, um ein vorhandenes «Feld» umzupolen. Solche Orte, die durch lange Zeiten hindurch ihre einmal entstandene eigene Zeitqualität bewahrten, ziehen uns unbewusst an, wenn Entsprechungen in uns für diese Energien vorhanden sind. Die unbewusste Anziehung dieser Orte entsteht auch, wenn wir innerlich bereit sind, die in alten Zeiten gemachte Erfahrungen neu anzuschauen, um sie in uns korrigieren zu können.

Der bewusste Umgang mit den sich verändernden Zeitqualitäten, lehrt uns aufmerksamer auf eine innere «intuitive» Stimme zu hören, auch wenn deren Richtigkeit erst nach einer darauffolgenden Erfahrung erkennbar wird. Innere Impulse lassen uns immer das Neue spüren. Sie versuchen uns auf das Zukünftige vorzubereiten, weil in uns meistens für das Kommende noch keine Erfahrungswerte vorliegen können.

Durch das gedankliche Zulassen einer bestimmten neuen Qualität der Zeit, können wir bereits das wahrnehmen, was räumlich eigentlich noch nicht sichtbar ist. Durch diese Bereitschaft, akzeptieren wir, dass die Zeit eine eigene Dimension darstellt, die unsere dreidimensionale Raumvorstellung noch erweitern kann. Durch das Integrieren der Qualität einer nicht messbaren Zeit, *als der vierten Dimension* in unserem Bewusstsein, erbauen wir einen Weg, der unsere Angst vor Veränderungen auflöst.

In den frühen Epochen der menschlichen Entwicklung war die Zusammengehörigkeit von Zeit und Raum, von Qualität und Quantität noch nicht so deutlich aus dem Gleichgewicht geraten, wie es in unserer verstandesorientierten Zeit der Fall ist. Der Grund für diese Verschiebung ist, weil das heutige Denken sich mit seiner ganzen Aufmerksamkeit an der Materie orientiert. Die geschaffene Form wird auf ein Podest gestellt, und der Geist - die Qualität der Zeit - wird als ihr Sklave betrachtet. Daraus resultiert, dass wir heute den weitaus grössten Teil unseres Lebens im Dienste der Materie verbringen. Wir messen die Zeit quantitativ und legen sie auf den Altar der sichtbaren Materie, die mit dem Yin-Prinzip identisch ist. Somit opfern wir unsere Zeit dem Prinzip der Vergänglichkeit, weil das Yin-Prinzip das Symbol des Mondes, also das Prinzip des Scheins ist.

Und doch glauben wir, fähige Beherrscher der Zeit zu sein, weil die Zeitspannen immer kürzer werden, die wir für das Erreichen eines Zieles brauchen. Auf diese Weise multiplizieren wir auch unsere Vorstellungen und Erwartungen auch an die Zukunft. Jedoch die Zeit-Zyklen leiten, ohne uns zu fragen, die Notwendigkeit des Umdenkens ein, wenn die Zeit dafür gekommen ist. Ihre Impulse begleiten sowohl das Entstehen, als auch das Abklingen einer Kultur, einer Denk- oder Glaubensform.

Wie schon am Anfang erwähnt wurde, beträgt die Zeit eines grossen Weltenjahres etwa 25700 Jahren, und ein «Zeitalter» in dem die prägenden Qualitäten eines Zeichen die Erde begleiten dauert ca. 2100 Jahre.

Wenn wir einige Zeit-Zyklen zurückschauen, erkennen wir die starken Einflüsse, die eine neue Zeitqualität bei dem bereits vorhandenen Bewusstsein der Menschen verändernd bewirkt. Wir können diese Zeiträume als Zyklen der Bewusstseinsveränderung betrachten, in denen die jeweilig typischen Zeit-Symbole die Entfaltung des Lebens prägend beeinflussen. Symbole sind Sinnbilder des Ganzheitlichen, die Worte der Weisen, die Sprache der Mythen. Ihre Widerspiegelung in einer Epoche ist mit dem Vermögen des vorhandenen Verstehens verbunden.

Um die Schwelle des Kommenden besser zu verstehen, brauchen wir nur kurz einige Jahrtausende aus unserer «jüngsten» Vergangenheit anzuschauen.

- Das Stier-Zeitalter ca. von 4300 - 2100 v. Chr.

In diesem Zeitraum entstanden die Anfänge des Ackerbaues, und die Einführung des Geldes als Tauschmittel für die Materie begann. Der Besitz wurde als wichtige Erweiterung des Eigenwertes angesehen und auch für Machtzwecke eingesetzt. Geld und Macht wurden als Mittel betrachtet, um Unsterblichkeit zu erlangen. Mit diesem Prinzip sind die ägyptischen Mumifizierungs-Rituale verbunden, wobei dem Verstorbenen nicht nur seine Besitztümer mit in das Grab gegeben wurden, sondern oft auch die zu ihm gehörenden noch lebenden Personen. Sein Reichtum und sein Haben sollten ihm auch in seinem folgenden «Seins-Bereich» zur Verfügung stehen.

Der Stier selber, als Symbol für Fülle und Kraft, wurde auf einen «göttlichen Thron» gehoben, nicht nur in der ägyptischen Kultur, sondern auch auf Kreta durch Minotaurus. Bei der Verehrung der heiligen Kuh in Indien wird dieses Symbol ebenso als «Göttlich» betrachtet.

Das Stier-Prinzip, als Symbol für Besitz, hat auch eine Verbindung zum physischen Leib. Es galt deshalb als höchstes Opfer, tierische oder sogar menschliche Körper auf einen «Altar» zu legen. Die Vorstellung, die hinter diesem Opfer-Ritual steht war, dass erst dann, wenn man das Wertvollste, das man besitzt hingibt, das Neue, das Ersehnte, erlangt werden kann.

Der Planet Venus war die starke, vermittelnde Kraft für diese Zeit, die mit ihren 5. Strahl-Energien auch die Wissensentfaltung unterstützte und eine Hochkultur aufblühen lies.

- Das Widder-Zeitalter ca. 2100 - 50 v. Chr.

In dieser Zeichenperiode begann die allmähliche Veränderung der bisher prägenden Venusqualitäten, in die Qualitäten des Mars. Aber wie auch aus einem Frühling nicht plötzlich ein Sommer wird, sondern es eine Zeit gibt, wo beide Wesenszüge spürbar sind, so wird auch das Gewicht des Neuen erst langsam auf das Kommende verlagert. Genauso sind die Jahrhunderte im Grenzbereich eines Zeitenwandels eine Vermischung vom Altem und Neuen, bis sich das Neue langsam ein immer grösseres Terrain erobert. So behielten manche Gruppen noch lange - auch in dieser Widder-Zeit - die alte Gewohnheit der Anbetung des «goldenen Kalbes» bei, die dann für das Jüdische Volk zum Inbegriff für Sünde und Aberglaube wurde. Ihr Symbol für die neuen Gedanken war das Lamm. In dieser Zeit wurde auch in Aegypten der Stiergott Apis abgelöst.

Die in der Stier-Zeit stark entfaltete enge Verbindung zur Mutter-Erde, zu den Qualitäten des Mütterlichen und damit zur weiblichen Urkraft im allgemeinen, erfuhr auch eine Veränderung durch die zur Tugend erhobenen Eigenschaften der kämpferischen Mars-Qualitäten, welche auch zu grossen männlichen Heldentaten ansporrnte. Es war die Zeit, in dem viele kriegerische Eroberungszüge stattfanden, und die grossen Helden-Mythen geschrieben wurden. Das Ideal war «der Mann - als Held», und wie ein selbstverständliches Resultat entwikkelte sich daraus eine patriarchale Struktur. Mars ist der Vermittler des 6.Strahles. Sein Ideal ist der Sieg.

- Das Fische-Zeitalter ca. 100 v. Chr. - 2050 n. Chr.

Die charakteristischen Merkmale dieser Zeit tragen wir alle noch stark in uns, darum erscheinen sie uns auch vertraut. Die Wende in die Fische-Zeit war nicht dieselbe grosse Aenderung, wie es sich beim Uebergang vom Stier- in das Widder-Zeitalter ergeben hatte. Der 6. Strahl blieb als wichtiger beeinflussender Impuls, nur diesmal war Neptun - Gott der Gewässer - dessen Uebermittler.

Das Wasser und der Fisch waren auch prägende Symbole für das Christentum, und Jesus lehrte die heilende und segnende Kraft des Wassers. Aber ein bekanntes Beispiel zeigt uns, wie vergangene Bräuche sich mit neuen Werten vermischen, wie zum Beispiel in den christlichen Ritualen, in welchen noch immer das Widder-Symbol, als «Lamm Gottes» das sein «Blut opfert» verwendet wird.

Das Element Wasser des Fische-Zeichens lässt natürlich eine andere Zeit-Qualität, als das Feuer des Widder-Zeichens entstehen. So wurde aus den Idealen ein Idealismus, der die Bereitschaft zur Hingabe genauso in sich trägt, wie die Entschlossenheit des Kampfes. Nur diesmal werden Hingabe und Kampfbereitschaft für ein «hohes» Ziel, für ein überpersönliches Ideal, wie Glaube, Heimat, Familie und Ehre eingesetzt. Auch verstärkte sich die patriarchale Denkweise immer weiter und das «Urweibliche» wurde mehr und mehr bekämpft.

Eine wachsende Bereitschaft zum Glauben ermöglichte aber die Erkenntnisse des Transzendentalen, und die wahrgenommene Dualität des Menschen beeinflusste immer stärker das Denken. Die Reaktion war eine Spaltung in vielen Bereichen des Lebens, welche dadurch Geist und Materie, Seele und Körper, Fühlen und Denken und damit Glauben und Wissen, das Sichtbare und das Unsichtbare, einander gegenüber stellte.

Eine bewusste Wahrnehmung der Doppelnatur des Menschen, ermöglichte dadurch nicht nur eine immer stärkere Glaubensbereitschaft, sondern auch eine immer höhere Entfaltung der Denkfähigkeit, die auch starke Gegenpole schaffte, und in vielen Lebensbereichen Ungleichgewicht hervorrief. Aber genau diese Bewusstwerdung der Polarität des Lebens bildet für uns das Tor, durch welches es möglich wird, in eine neue Zeit-Phase der Synthese hineinzugehen.

DAS WASSERMANN-ZEITALTER

MULADHARA-CAKRA / Wurzel-Zentrum

Das Wassermann-Zeitalter

Die Geschichte ist wie eine Urkunde über den Entwicklungsweg des Menschen, sie ist der Ausdruck eines fortschreitenden und zyklischen Geschehens. Für den historischen Ueberblick sind die in Erscheinung tretenden Strahlen wie ein Schlüssel, die in der Geschichte der Menschen, durch ihre besonderen Eigenarten, die Schritte der Evolution lenken. Von der Wirkungskraft eines bestimmten Strahles in einer Periode hängt die Eigenart der Zivilisation und damit die Bewusstseinsart der in ihr lebenden Menschen ab. Das Leben reagiert in allen vier Naturreichen auf die veränderten Schwingungen eines neuen Strahles, und ruft auch in der dreifachen Persönlichkeit des Menschen Veränderung im Denken, Fühlen und im physischen Körper hervor.

Der 7.Strahl, der unsere heutige Neuwerdung unterstützt, begann schon seit dem Jahr 1860 die Erde zu berühren. Das erste Zeichen seiner Wirkung war das I. Oekumenische-Konzil in Rom von 1869-70. Aber seine klarere Wirksamkeit begann sich erst um 1970 durchzusetzen.

Wir leben in unseren Tagen in einer wichtigen Zeit. Der 7. Strahl, der Strahl des Gesetzes und der Ordnung, tritt in immer manifestere Funktion und der Wechsel der Tierkreis-Zeichen von Fische zu Wassermann fällt in unsere Zeit, die uns damit in ein neues Energiefeld geleitet. Diese Veränderung wird auch von grossen Wesen des «Himmels» unterstützt, die in die «Nähe» unserer Erdathmosphäre kommen, um durch die Kraft des Geistes und die «erhellenden» Strahlen des Lichtes, die Menschheit auf ihrem neuen Weg zu begleiten, und ihr Mut und Wissen dafür zu verleihen.

Resultate des Neuen sind bereits dadurch zu erkennen, dass

- geistige Einsicht und geistiges Verstehen grösser werden,
- Wohlfahrtsbewegungen entstehen,
- ein intensiveres Streben nach Zusammenarbeit in den internationalen Beziehungen sich abzeichnet und,
- dass Bemühungen für eine grössere religiöse Einheit beginnen.

Der siebte Strahl besitzt die Kraft zu organisieren, die Fähigkeit zusammenzufassen, und dabei die Gegensatzpaare zu einer Einheit zu verschmelzen. Aber der erste Schritt in Richtung Vereinigung ist immer Konfrontation. Sie ist die Voraussetzung zu einer bewussten Begegnung und einer wahren Erkenntnis des «Gegenübers». Es ist auch die Konfrontation dessen, was aus unseren Tiefen durch unsere eigenen Aengste aufsteigt und uns dadurch erneut begegnet. Darum muss immer das zuerst in das «Licht des Tages» gebracht werden, was uns unbewusst aus dem Verborgen lenkt.

Die in unserem neuen Zeitalter zu entwickelnden Qualitäten und Werte, sind bereits in den Vorstellungen vieler Menschen vorhanden. Wir wissen, dass es wichtig ist, eine neue Einstellung zur Natur und zu den materiellen und geistigen Werten zu finden. Auch das ist uns schon bekannt, dass das sichtbare äusserliche Wachstumsstreben seine Grenzen erreicht hat, und wir unser Potential vermehrt für die Entfaltung unserer inneren Fähigkeiten einsetzen könnten, um in unserem Ausdehnungsverlangen an Stelle von Quantität, Qualität anzustreben.

An Wissen aller Art mangelt es uns nicht, wir «beherrschen» scheinbar schon so ziemlich alles. Probleme tauchen jedoch auf, sobald es um uns selbst geht, denn da haben wir mit der Beherrschung unseres eigenen Selbst, meist noch grosse Mühe.

Es ist darum soviel leichter, all das, was wir selbst nicht im Griff haben und doch verurteilen, auf ein Feindbild zu projizieren, weil wir dessen Vorhandensein in uns selbst ja nicht zulassen können. Denn Jahrtausende lang übten wir die Einstellung, nach aussen ein makelloses und perfektes Erscheinungsbild zu zeigen, welches gleichzeitig auch die Werte einer bestimmten Gruppe darstellte. Es galt als Verrat, als entwürdigend für eine ganze Gemeinschaft, wenn ein Mitglied die Vorschriften des «Aeusseren Benehmens» missachtete. Daraus entstanden aber die Möglichkeiten für Doppel-Moral, für Schein-Ehen und bei vielen auch für Schein-Religiosität. Darum brauchten wir gegnerische Gruppen, brauchten Beispiele von «bösen» Menschen, mit «bösen» Taten, die wir laut für schuldig erklären konnten, um so unsere «scheinbar weisse Weste» noch klarer zum Ausdruck bringen zu können. Der nächste Schritt schien dann für uns wie selbstverständlich zu sein, dass auch Gott einen «Gegenspieler» braucht und somit den Teufel in Opposition hat, der dann eigentlich zum wirklich «Schuldigen» für all das Schlechte wurde.

Wie schwierig ist es, die eigene Konstellation von Licht und Dunkelheit, von Geist und sich entfaltender Materie anzunehmen. Aber der erste Schritt zur Ganzheit bedeutet, unsere «Schatten» zu integrieren. Das ist aber nur dann möglich, wenn wir bereit sind, unseren Perfektionsanspruch an uns selbst abzulegen. Wenn wir aufhören uns zu separieren und meinen, wir sind besser und fähiger als andere und haben auch mehr Recht im Leben als der, der uns vis-à-vis steht. Wenn die ungleiche Wertung der anderen und uns selbst, und ein daraus entstehendes falsches Bild unsere Beziehungen nicht mehr trübt, - weder in unseren Partnerschaften, noch in der Politik, Wirtschaft, oder im Glaubensbereich, - erst dann entsteht eine klare Sichtfähigkeit auf den vor uns liegenden Weg.

Das manifeste Leben braucht immer zwei Pole. Nur innerhalb dieses magnetischen Vibrationsfeldes kann das Leben sich entfalten, erfahren und durch die Veränderung wachsen. Je mehr wir im Geiste des neuen Zeitalters voranschreiten, umso klarer werden wir erkennen, dass das, was wir anziehen, auch in uns selbst vorhanden ist und umgekehrt. Die Erfahrungen zeigen uns immer deutlicher, dass nur durch die Spiegelung eines Gegenübers, wir uns selbst wirklich erkennen können, ob wir das nun als Einzelne, als Gruppe, als Nation erleben, oder als die Seele in Inkarnation, die ihrem kosmischen Geist-Pol gegenübersteht.

Der heutige stärkere Zustrom der geistigen Energien der Liebe unterstützt den Prozess der Neuwerdung. Viele Menschen sind spirituell «erwacht», deshalb bekommt auch altes Wissen die Möglichkeit neu aufzutauchen. Gross ist die Zahl dieser Menschen, die durch die verstärkte geistige Hilfe, die Liebe, als die grosse Kraft des Lebens erkennen, und dadurch bereit sind sie ganz neu zu verstehen.

Die Energien des 7. Strahles haben natürlich auch auf das Sakral-Zentrum Einfluss. Darin liegt eine wesentliche Ursache für das weltweit vermehrte Interesse an Sexualbeziehungen, aber auch die Bereitschaft, Lösungen für die damit zusammenhängenden Probleme zu finden.

Aber der stärker werdende Wunsch nach Verbindungen, kann auch von einer anderen Seite aus betrachtet werden. Der 7. Strahl mit seinen starken Energien, verstärkt nämlich die Anziehung, den Sog auf allen Ebenen zwischen den Gegensetzpaaren, wie positiv-negativ, Mann-Frau, Seele-Körper, Licht-Dunkel. Diese Energien geben einen Impuls, das «Neue», das «Unbekannte», das «Fremde» zu erforschen, kennenzulernen und damit in «Beziehung» zu treten. Das Gesetz der Anziehung ist der ureigenste Impuls des Lebens und damit die Sehnsucht nach Vereinigung, also der Wunsch für eine gegenseitige Wechselwirkung. Dieser primäre Impuls, der jetzt durch die einheitvermittelnde Kraft des 7. Strahles uns beinflusst, bringt nicht nur die neuen Internationalen Verbindungen zustande, sondern spornt uns alle an, mit neuen unbekannten Ländern, Völkern, Kulturen und Religionen in «Beziehung» zu treten, sie kennenzulernen. Wieviel Erkenntnisse resultieren aus solchen Begegnungen, wo wir nach jedem Erlebnis des Fremdartigen, uns neu definieren können.

Eine Verbindung, eine Vereinigung zu erleben, kann auf drei Ebenen stattfinden, auf der physischen, der emotionalen und auch auf der mentalen Ebene. Unsere heutigen Partner-Beziehungen sind *grösstenteils* Vermählungen zweier physischer Körper, *manchmal* vereinigen sich zwei Menschen auch mit ihrer Gefühlsnatur, aber *noch seltener* sind solche Ehen, wo die Partner auch in ihren Gedanken eng miteinander verbunden sind. Denn erst, wenn in einer Beziehung alle drei Ebenen zu einer Vereinigung kommen können, leben wir in einer wirklich tragfähigen Partnerschaft. Aber mit dieser Zielrichtung in unserer Seele verändern sich natürlich stark auch die traditionellen Vorstellungen über Beziehungen und Heirat in uns.

Der zur Zeit stärker gewordene Zustrom der geistigen Energien der Liebe erweckt das spirituelle Streben genauso, wie auch die irdische Liebe, das sexuelle Verlangen und auch die materielle Habsucht. In welche Richtung uns auch unsere «Sehn-Sucht» zieht, für welche «Liebe» wir auch bereit sind

Opfer zu bringen, diese für uns so wichtige Wunschrichtung erfährt jetzt eine Verstärkung. Durch die Potenzierung dessen, was in uns ist, vermittelt das Leben die Möglichkeit, des Sich-selbst-zu-erkennens. Darum ist eine zunehmende Unordnung in unseren Tagen eine grosse Gelegenheit, die ganz eigenen «Sucht-Themen» in uns wahrzunehmen. Eine entstandene Unordnung ist immer wie eine Vorbereitung, durch welche wir das «Mit-ein-ander-Leben», in einer neuen Ordnung verändern können.

Gross ist die Anzahl der Menschen, die auf die verstärkten spirituellen Energien reagieren. Das ist mit ein Grund, warum die sogenannten «Probleme» zunehmen, aber auch dafür, dass die Zeit voll von «günstigen Gelegenheiten» ist. Der verstärkte Fluss der Energien lässt die verschiedene Menschentypen sehr unterschiedlich darauf reagieren, weil sowohl materielles Streben, als auch spirituelles Verlangen geweckt werden. Aber diese Tatsache bestätigt die Wahrheit des Sprichwortes, dass ein gut gedüngter Garten sowohl Unkraut, als auch Blumen stärker hervorbringt. Der Unterschied liegt in den Samen, die der Boden beherbergt.

Der 7. Strahl lässt auch viele alte wahrheitssuchende Gedanken und Rituale wieder auftauchen. Er lässt vieles ans Tageslicht kommen, darunter auch solches, das vielleicht gar nicht mehr gebraucht wird. Dieser Prozess aber hilft den Menschen ihre eigene Wahl und Entscheidung zu treffen und dadurch eine eigene Urteilsfähigkeit zu erlangen. Die neuen Dimensionen des Denkens lassen uns unsere Vergangenheit auf diese Weise neu verstehen, und somit auch die unterschiedlichen Lehren in den verschiedenen Zeiten der Geschichte. Denn, das *«Wort»* wird in jeder Epoche in einen neuen *«Ton»*, in eine neue *«Farbe»* gekleidet und formuliert, und darum sind auch heute die vielen Facetten der «Wahrheit» weiter nichts anderes, als unsere heutigen Versuche, das zu formulieren, was uns jetzt als wahr erscheint. Wir lernen dabei unsere eigene Wahrheit zu finden, und sie auch zu leben. Denn wichtige vorbereitende Zeiten liegen als Erfahrungen hinter uns. Sie sind eine wunderbare Grundlage, um darauf zu bauen, von da aus weiter zu gehen.

- Der 6. Strahl lehrte uns Visionen zu haben, der 7. Strahl wird helfen das Erschaute auch zu verwirklichen.
- Durch Jahrtausende waren wir auf unserem suchenden Weg hingebungsvolle Mystiker, jetzt beginnen wir durch Gedankenkontrolle und stärkere Liebesfähigkeit, Okkultisten zu werden.
- Der 6. Strahl führte uns zur Isolation durch nationalistische Schranken und durch die Barrieren des Glaubens. Der 7. Strahl wird die Verschmelzung ermöglichen.
- Wir haben auf vielen Ebenen die Dualität des Lebens erkannt und gelebt, nun kann unsere nächste Zielsetzung die Einheit sein.
- Der Individualismus war das, was wir unbedingt erreichen wollten, und jetzt mit unseren individuellen Fähigkeiten, sind wir bereit in einer Gruppenformation mitwirkend, unseren Teil für eine Ganzheit beizutragen.
- Durch viele Leben lang entfalteten wir den Glauben, dass ein ewiger Teil in uns existiert, der Strahl eines grossen Lichtes, den wir Seele nennen. In den vor uns liegenden Zeiten werden wir, durch die Weiterentfaltung der intuitiven Denkfähigkeit, Wissen über dieses «Licht-Kind» erlangen.

Die starke Wechselwirkung zwischen dem 6. und 7. Strahl verursacht aber als erstes Konflikte, Aufruhr und Umwälzungen, denn hier stehen sich alte und neue Denkformen gegenüber. Evolution bedeutet wachsen, weitergehen, und wenn dies uns schwer fällt, erzeugt diese Schwere Leid. Aber die Natur selbst gibt uns ein wunderbares Beispiel im jährlichen Verlauf der Jahreszeiten, in den Zyklen von Licht und Dunkelheit, in ihrer immer wieder neu erstehenden Pracht, dass Vergänglichkeit und Tod nur äussere Veränderungen sind, die das Neue erst ermöglichen.

Die vermehrte Aufmerksamkeit für die ätherischen Energien, ist eine direkte Folgeerscheinung des 7. Strahles, so auch die Lehre über die ätherischen Zentren des Körpers. Als «verbindender» Strahl, unterstützt er Erkenntnisse zwischen Geist und Materie und somit durchströmt sein Wirken sowohl die hohen Schulen der Weissen-Magie, als auch jede spiritistische Szene.

Eine enge Verbindung hat der 7. Strahl auch zum Mineralreich. Deshalb ist auch unsere Aufmerksamkeit jetzt stärker auf die Wirkungsweise dieses Reiches gerichtet, und wir lernen es nicht nur besser zu verstehen, sondern haben auch die Energien der Kristalle, wie auch ihre strahlende Schönheit, gerne in unserer Nähe.

Aber wir beginnen erst zu «ahnen», dass die Materie lebt und «strahlt». Die Zukunft wird unser Wissen und das Verstehen über die «strahlende Materie» in noch viel grösserem Masse erweitern. Dieses Wissen wird dann besonders Bereiche wie Elektrizität, Medizin und Psychologie stark beeinflussen.

Durch den 7. Strahl fliessen die Energien der Transformation, die die neuen Strukturen von Brüderlichkeit und Gerechtigkeit und das Zustandekommen von rechten Beziehungen und universeller Zusammenarbeit ermöglichen können. Mit der Hilfe dieser Energien können wir dann diese Ideale verwirklichen und das Realität werden lassen, was wir als Botschaft schon vor 2000 Jahren erhielten, als ein grosses lebendes Beispiel der göttliche Liebe uns lehrte, einander besser zu verstehen.

Die Lehre der Strahlen ist uralt, die Siebenfachheit des Lichtes und des Lebens sind ewige Wahrheiten. Die Strahlenlehre vermittelt ein grösseres Verständnis für die Ganzheit des Lebens, und für ihre grossen und kleinen Zyklen. In dieser Ganzheitsschau wird das Verstehen der Zusammengehörigkeit von Mikrokosmos und Makrokosmos zu einer Selbstverständlichkeit.

Ebenso begreiflich wird auch die Analogie, dass die veränderte Einstellung eines Einzelnen, umwandelnd den Kreis seiner gesamten «Gruppe» berührt. Diese Gruppe wirkt dann wiederum transformierend auf noch weitere Kreise. Denn sowohl Wachstum, als auch Heilung ein Prozess ist, der sich von innen nach aussen vollzieht.

Wir haben eine strahlende Substanz als Seele,
in einem strahlungsfähigen Körper,
und sind umhüllt von einer
Zeit, die es uns lehrt und ermöglicht
zu
leben,
um
immer bewusster zu strahlen.

Abschliessend die Worte eines Meisters, zu einem Suchenden :

«Und siehst du nun das Tor im Licht?

Ich sehe ein Tor und höre eine rufende Stimme. Was soll ich tun, oh Meister meines Lebens?

Geh durch das Tor und verliere keine Zeit im Rückwärtsschauen auf dem schon gegangenen Weg. Geh vorwärts im Licht!

Das Tor ist viel zu schmal, oh Meister. Ich befürchte, dass ich nicht hindurchgehen kann.

Geh näher hin zum Tor und nimm die Hand eines anderen Pilgers auf dem Weg des Lebens in die deine. Geh näher hin zum Tor, versuche nicht allein einzutreten.

Ich kann das Tor jetzt nicht sehen, da ich die Hand meines Bruders zur Rechten und zur Linken fasse. Ich scheine von Pilgern auf dem Weg umringt zu sein. Sie scheinen sich gleich zu seins. Sie scheinen wie ich zu sein, und drängen an allen Seiten. Ich kann das Tor nicht sehen.

Geh vorwärts auf dem Pfad, oh Pilger im Licht und steht miteinander Hand in Hand vor dem Tor des Lichtes. Was siehst du?

Das Tor erscheint wieder, und weit erscheint es, nicht schmal wie vorher. Was war es, dass ich vorher sah? Es war nicht wie das Tor, das jetzt der Schar der Brüder gegenübersteht, indem wir miteinander auf dem Pfad stehen.

Das Tor, das du vorher sahst, war eine Täuschung deines Denkvermögens. Eine Gedankenform die dich von der Wahrheit trennt, zu schmal um hindurchzugehen, doch voll von falscher Lockung. Nur der Mensch, der seines Bruders Hand hält, kann das Tor in Wahrheit sehen. Nur der Mensch, der von den vielen, die eins sind, umringt ist, kann durch dieses Tor eintreten.»

A. A. Bailey

Literaturnachweis

Alice A. Bailey	-	Eine Abhandlung über die Sieben Strahlen.
	-	Esoterische Astrologie.
	-	Esoterisches Heilen.
	-	Jüngerschaft im neuen Zeitalter.
H. P. Blavatsky	-	Die Geheimlehre.
Bhaktivedanta Swami Prabhupada	-	Bhagavad-Gita.
Darshan Singh	-	Die Wunder deiner inneren Welt.

Gelebtes Licht

Eva Gostoni

Die Stationen des Suchenden werden in diesem Buch aufgezeigt, und die damit verbundenen Schwierigkeiten, sich von alten Regeln, Ansichten und Gewohnheiten zu lösen. Es lässt auch unsere Aengste verstehen, wenn alte Wahrheiten von neuen Erkenntnissen berührt werden.

Das Buch kann wie ein tragbarer Wegweiser werden, wenn wir wieder an einer neuen «Schwelle» in unserem Leben stehen, oder tiefe «Wolken» uns die Sicht versperren. Es gibt uns Hinweise, wie wir eine unklare Situation verstehen und handhaben lernen können und es lässt uns erkennen in welcher Richtung unser Ziel liegt.

Es vermittelt uns Mut, dass wir den eigenen Weg, die eigene Wahrheit finden werden, auch wenn wir uns dabei anfänglich noch unsicher fühlen. Es lässt erkennen, dass der Weg der zu uns selbst führt, auch der Weg der Freude ist.

1994 HUM VERLAG
112 Seiten
ISBN 3.9520630-0-2